L'ÉTAT CONJUGAL.

Par M. D. [illegible]
[illegible]

L'ÉTAT CONJUGAL

CONSIDÉRÉ

SOUS TOUS SES RAPPORTS AVEC LE BONHEUR

DE

L'HOMME ET DE LA FEMME;

OUVRAGE UTILE A TOUT LE MONDE,

ET PRINCIPALEMENT AUX JEUNES GENS DES DEUX SEXES :

CONTENANT les obligations respectives des époux, les moyens de faire un bon choix en se mariant, de fixer le bonheur dans son ménage, de donner à ses enfans des établissemens solides et avantageux pour soi-même et pour eux ;

AVEC DES OBSERVATIONS IMPORTANTES

Sur le prétendu bonheur des célibataires, sur la tyrannie conjugale, etc.

PAR M. C***,

Auteur du *Manuel de la Bonne Compagnie*, etc.

PARIS,

Chez MAUGERET fils, Imprimeur-Libraire, rue Saint-Jacques, n° 38.

1809.

J'ai déposé à la Bibliothèque Impériale les deux exemplaires voulus par la loi, et je déclare que je poursuivrai les contre-facteurs selon toute la rigueur des lois.

PRÉFACE.

Nous espérons que le lecteur voudra bien nous dispenser d'entrer ici dans le détail des avantages réels de l'ouvrage que nous lui présentons ; et s'il veut en juger sans prévention, comme sans partialité, peut-être lui accordera-t-il quelqu'estime, tant pour son objet que pour l'utilité dont il peut être dans la société. La jeunesse y apprendra principalement à régler sa conduite et ses mœurs sur les principes de la raison, de la sagesse et de la vertu, et à fuir tout ce qui pourrait l'en détourner. Tel est le but général que s'est proposé l'auteur; et voici la fin principale qu'il n'a cessé d'avoir en vue dans l'exécution de cet ouvrage.

C'est de détruire dans l'esprit des jeunes gens les préventions qui ne s'y élèvent que trop souvent contre le mariage, et de leur en démontrer les avantages et la nécessité. On y trace la route la plus sûre et la plus aisée pour parvenir au mariage; on y indique clairement, et sans aucune obscurité, les moyens de faire de cet état même une source unique et féconde de plaisirs légitimes et toujours renaissans; d'y puiser une volupté d'autant plus douce qu'elle a pour principes l'innocence et la pureté des mœurs, auxquelles il n'est pas si difficile que quelques philosophes modernes l'ont voulu faire croire, de ramener notre jeunesse française ; on y donne enfin des préceptes utiles pour apprendre à bien penser et à bien parler du sexe ; c'est-à-dire de ce que, par devoir comme par sentiment, les hommes doivent le plus chérir, et à qui les lois de la bienséance assurent les égards et le respect de tous les honnêtes gens.

Voilà sans doute, nous dira-t-on, un projet bien louable : la question est de savoir s'il est bien exécuté. Notre réponse à cela sera toute simple ; c'est que nous ne pouvons garantir que de notre zèle et de nos soins, et que nous avons mis dans la contexture de cet ouvrage, tous ceux dont nous avons été capables.

Quant au style, pourvu qu'il fût clair, correct, et surtout à la portée de toutes les classes de lecteurs, nous nous sommes contentés de le conformer à la nature de ces entretiens. Jamais forme ne fut plus susceptible de ce genre de style aisé, facile et sans prétention ; et c'est ce qui nous l'a fait de préférence adopter.

A ces considérations s'en rattache une autre que nous croyons devoir faire observer: peut-être sera-t-on surpris que nous n'appliquions qu'aux seuls hommes la nécessité de se marier, comme si nous n'avions eu qu'eux en vue, et que nous n'eussions pas aussi pensé aux personnes du sexe? Mais nous nous persuadons que l'on concevra sans peine que ce que nous disons pour les uns s'adresse naturellement aux autres. Les deux sexes ont incontestablement un

égal droit aux douceurs de l'hyménée. Aussi est-ce à tous deux que
nous présentons ces Entretiens.

Nous avouerons cependant qu'ils
conviennent peut-être moins particulièrement aux jeunes personnes
qu'aux garçons ; et la raison en est
claire : c'est qu'indépendamment
de ce que le sexe est plus doux , plus
réservé, plus docile aux instructions,
et qu'il suit en cela plus volontiers la
direction des parens , les demoiselles ,
comme le dit agréablement un poëte
latin , lorsqu'elles ont atteint l'âge
heureux du mariage, ont un langage
assez expressif pour demander un
époux, le silence (1), auquel leurs

(1) « Filia nubilis, et si planè nil loquatur ,
  » Ipso tamen silentio plurimùm de se prædicat. »
                                        TERENT.

yeux savent prêter une éloquence si persuasive et si touchante.

Que le lecteur nous permette d'ajouter deux mots encore : c'est que s'il trouve dans l'ouvrage quelques répétitions, nous le prions d'observer que les parties dont il se compose ont entre elles une telle liaison, qu'il ne nous a guère été possible de les éviter, qu'elles sont d'ailleurs si différemment exprimées, qu'elles nous ont semblé plus agréables qu'ennuyeuses. Enfin, nous avons pensé qu'on ne peut trop souvent dire ce qui ne peut jamais être assez bien su.

Il ne nous reste plus qu'à déclarer que, si notre Tableau de l'Etat conjugal fait quelque sensation, nous en serons redevables au desir que nous avons eu d'en démontrer l'importance

et même la nécessité, à une personne de considération dont nous
honorons infiniment le mérite et la
famille. Cette sorte de victoire particulière, remportée sur des préjugés
très-enracinés, était l'unique but que
nous nous fussions d'abord proposé.
Mais combien n'aurons-nous pas
sujet de nous féliciter de sa publica-
tion, s'il peut produire un aussi bon
effet sur tous les lecteurs; et quelle
plus douce récompense pourrions-
nous souhaiter de notre travail!

Quelques amis peut-être trop prévenus en faveur de notre ouvrage,
ont voulu nous persuader qu'il serait
de la plus grande injustice de borner
tout le fruit qu'on en peut tirer à la
conquête d'un seul individu, et que
notre opuscule, en courant par le

monde , qu'on veuille bien nous permettre cette expression , pouvait rap-
peler sous les drapeaux de l'hymen
bon nombre de transfuges. Nous
avons donc cédé à leurs sollicitations,
sans doute trop flatteuses. Veuille le
ciel que nous n'ayons jamais sujet
de nous en vouloir à nous-mêmes
d'avoir fait taire notre résistance à
cet égard , ni d'appliquer à notre
livre cette lamentation , ou plutôt ce
soupir d'Ovide sur quelques-uns de
ses écrits :

« Hei, mihi quam pancos hæc mea dicta movent ! »

« Combien peu de gens , hélas ! sont touchés de ce que
» je leur dis ! »

INTRODUCTION.

Dans ce siècle où tout ce qu'il y a d'aimables élégans (et l'on sait qu'il en est beaucoup), prononce avec autant d'esprit et de sagacité que de jugement et de solidité sur les avantages et la nécessité du mariage, c'est peut être une entreprise hardie que celle de l'ouvrage qu'on présente aujourd'hui au public. Son but, bien moins utile sans doute que le raisonnement de ces messieurs, est d'établir un sentiment que presque tous combattent (nous quittons ici l'ironie) avec un acharnement aussi stupide que ridicule, et de délivrer *les gens du bon ton* d'une erreur presque aussi ancienne que le monde, et qui ne peut que finir par leur devenir très-préjudiciable.

Que n'a t-on pas dit et écrit , et que ne répéte-t-on pas encore tous les jours contre l'état du mariage ? Les uns l'ont spirituellement nommé *le tombeau de l'amour*, sans avoir jamais su ce que c'est qu'amour ; les autres l'ont regardé comme la plus pesante chaine du plus dur esclavage : d'autres enfin plus modérés ou moins injustes, ont pensé se faire une réputation en l'appelant un *mal néces-saire ;* tout cela, comme on voit , est aussi bien pensé qu'ingénieux , et c'est ce qui nous engage aujourd'hui à réfuter les uns et les autres. Nous n'emploierons pour cela que les armes de la raison , de la nature et de la vérité.

Que l'état du mariage soit au contraire l'état le plus desirable comme le plus heureux ; qu'il forme une société pleine de charme et d'agrément ; qu'il soit une source intarissable de plaisirs vrais , de douceurs sans amertume ; c'est ce que les *aimables* que nous venons de citer se refusent à croire ; c'est même ce qui fait l'objet de leurs sarcasmes ou de leurs plaisanteries ; et c'est cependant ce que nous nous proposons ici de démontrer comme la vérité la plus incontestable. Il faut sans doute quelque courage pour la soutenir ; il faut être bien sûr de la justice de sa cause, pour l'entreprendre.

Rien n'est en effet plus calomnié dans le monde que le lien conjugal. Les idées que quelques personnes s'en forment font frémir les plus intrépides, et malheureusement ce n'est pas d'aujourd'hui qu'une aussi fausse opinion s'accrédite. Il n'y a que trop long-temps que le mariage est en butte à tous les traits de la satire (1) ; c'est à qui en fera les contes les plus indécens, les plus absurdes; c'est à qui inventera les plus sots prétextes pour en détourner ses semblables, et se justifier soi-même de son aversion pour lui. Le bon dilemme pour cette classe d'*illuminés* sans vues comme sans principes, que celui-ci d'un ancien philosophe! « Si tu te maries, je suppose que ta » femme sera belle ou laide : si elle est » laide, jamais tu ne pourras la souffrir : » si elle est belle, tu en seras jaloux. Dans » l'un ou l'autre cas, vois quel supplice! »

Le précepte suivant d'un autre philosophe n'est pas moins concluant pour eux; « Quand tu es jeune, dis que le temps « de prendre une femme n'est pas encore » arrivé; quand tu seras vieux, tu diras » qu'il est passé. » Et combien ils aiment

(1) Voyez Boileau et tant d'autres.

cette comparaison de Théodecte ! « Le
» mariage et la vieillesse ont ceci de
» commun entr'eux, que les hommes
» font tout ce qu'il peuvent pour arriver
» à l'un et à l'autre, mais qu'ils n'y sont
» pas plutôt parvenus, qu'ils s'en repen-
» tent ». Ce n'est pas avec un plaisir moins
vif qu'ils répètent cette dure invective
du plus injuste des hommes : « On ne
» passe avec sa femme que deux bons
» jours : celui du mariage et celui de sa
» mort : *vel in thalamo ; vel in tu-
mulo* (1) ». Tout cela, comme on voit,
est de fort bon goût, et a très-bonne
grâce. Au moins notre ancienne mauvaise
chanson,

> « On dit que le mariage
> » Est le tombeau de l'amour, etc. »

est-elle exempte de cet excès de gros-
sièreté révoltante.

(1) Ce qui veut dire : « Soit au lit, soit lorsqu'on la

et de la raison, nous persistons dans sa défense avec tout le courage que nous inspire sa légitimité. Toute abandonnée qu'elle paraît l'être, quelque mauvaise opinion qu'on en ait, c'est cependant la cause la plus générale et la plus importante qui fut jamais: c'est à la fois celle du ciel et des hommes, de la nature et de la religion, des états et des peuples; c'est celle du genre humain. Et tous n'ont-ils pas un intérêt égal et sensible au maintien du mariage ? Et le mariage n'est-il pas lui-même le véritable moyen de donner des sujets à l'état, des membres à la société, des enfans aux familles, et de peupler l'univers d'habitans? Sans le mariage, que serait le monde, et que deviendrait toute l'espèce humaine ? Tout finirait : tout s'anéantirait. Vertus, passions, raison, sagesse, lois, gouvernemens, intérêts, ne seraient plus même que des mots vagues et sans signification.

Ces considérations excitent notre zéle, animent notre courage, et nous persuadent que, malgré tous les préjugés défavorables, nous parviendrons à soutenir les droits de la plus belle des institutions humaines, et à convaincre même les plus opiniâtres adversaires du mariage, qu'il est de tous les états de la vie, celui qui assure le plus le repos, l'honneur et les intérêts de l'homme.

Nous ne saurions au reste faire l'apologie du mariage, sans faire aussi mention de ce sexe qui en est le charme. Nous nous sommes toujours plu, dans la société, à le défendre contre l'injustice et la calomnie de ceux qui devaient le plus soutenir ses droits; et c'est ce que nous nous proposons de faire ici d'une manière plus éclatante et plus solennelle

Cet ouvrage, au moins nous l'espérons, suppléera aux réticences des auteurs qui ont déjà traité du mérite des femmes (1), et lavera en quelque façon notre sexe du blâme qu'ont encouru leurs trop nombreux et trop injustes détracteurs. Si nos vœux pour atteindre ce but sont exaucés, nous oserons nous flatter que cette production ne servira pas peu à faire triompher la faiblesse de certains hommes de la résistance qu'ils opposent aux sollicitations de l'hymen. C'est l'objet principal de notre travail ; et son succés à cet égard en sera la plus digne comme la plus flatteuse récompense.

Pour garder un ordre plus exact dans la distribution de notre livre, et en faciliter la lecture, nous l'avons divisé en

(1) Nous en exceptons, et avec plaisir, l'auteur du poëme du *Mérite des Femmes*, M. Legouvé, qui a dit d'elles en vers charmans tout ce que lui permettait le plan qu'il s'est tracé.

quatre sections. Nous traitons dans la première des avantages réels du mariage ; dans la seconde, de l'infâmie, de la débauche et du libertinage, ainsi que des motifs qui peuvent raisonnablement engager les hommes à se marier ; dans la troisième, nous répondons aux objections et aux mauvais raisonnemens ordinairement allégués pour s'en dispenser ; dans la quatrième enfin, nous leur donnons des avis fraternels pour contracter des nœuds mieux assortis que ceux qu'on voit journellement, se former et pour vivre heureux dans cet état, qui pour les bons esprits et les cœurs bien nés, n'est rien moins qu'un joug, comme il plaît à quelques uns de l'appeler.

On conçoit aisément que nous aurions pu, sur tous ces sujets, multiplier à l'infini les volumes ; mais nous nous sommes fait un devoir de resserrer notre matière, au lieu de l'étendre ; persuadés que les plus courts avis sont toujours les meilleurs, et que nous bornant à ne dire que ce qui est essentiel et nécessaire, nous trouve- rions plus de lecteurs disposés à profiter de nos leçons, auxquelles, pour sauver l'ennui du précepte, nous avons cru de- voir donner la forme heureuse et facile d'entretiens ou de conversations entre de fort honnêtes gens qui cherchent la vé- rité de bonne foi, et ne se réunissent que pour s'éclairer et se la dire avec cette droiture et cette candeur qui devraient être la base des motifs de toutes les réunions. Quant au style, nous avons, comme nous l'avons dit dans notre pré- face, choisi le plus simple et le plus clair, pour mettre ce livre à la portée de toutes les classes de la société.

L'ÉTAT CONJUGAL

CONSIDÉRÉ

SOUS TOUS SES RAPPORTS AVEC LE BONHEUR

DE L'HOMME ET DE LA FEMME.

SECTION PREMIERE.

SOMMAIRE.

PREMIER ENTRETIEN. L'hymen. — Nul bonheur sans mélange. — Bonheur prétendu des célibataires. — Sort d'un époux qui a fait un bon choix. — Le mariage considéré en lui-même. — Son institution, ce qu'il est par rapport à l'homme. — But du mariage. — Les enfans. — Le ménage. — Union. — Véritable amour, premier mobile du mariage, etc. — Intimité parfaite de l'union conjugale. — Point de bonheur vrai hors du mariage. — Ses prérogatives. — Société conjugale, seule durable. — Fausseté de la vertu des célibataires, comparée à celle des époux, etc.

DEUXIÈME ENTRETIEN. Souveraineté paternelle, beau droit du mariage. — Attributs et avantages de cette autorité. — Force de l'exemple paternel. — Rapports entre l'amour paternel et l'amour filial, etc., etc.

I

PREMIER ENTRETIEN.

Sur les qualités et les perfections du Mariage.

CHARLES ET ÉDOUARD.

ÉDOUARD.

.... Vous dites donc, mon cher monsieur, que le mariage est la plus belle chose du monde, la plus heureuse des inventions de l'esprit humain, le port le plus assuré contre tous les dégoûts et les chagrins qui empoisonnent la vie?

CHARLES.

Je dis, monsieur, qu'à l'extérieur le temple de l'hymen peut bien n'offrir à certaines gens que le tableau des peines et des soucis; mais que vu dans son intérieur, il n'offre que des beautés vraies qui n'ont ni le vernis trompeur, ni le faux brillant de celles qui surchargent sans l'orner le temple de ce que vous appelez complaisamment la volupté, et à qui je donne, moi, un autre nom, que par égard pour vous et pour moi je me dispense de prononcer.

EDOUARD.

Oh! je m'attends à tous vos sarcasmes, messieurs les marieurs de gens : je vais le prononcer, moi, ce mot que vous craignez tant de lâcher : c'est celui de débauche, luxure, libertinage....Que sais-je encore? on ferait un dictionnaire. Grâce à vous, messieurs, la langue s'est enrichie de synonymes heureusement trouvés.

CHARLES.

Quittez le ton plaisant sur une matière aussi délicate que celle que nous sommes convenus d'examiner , ou j'abandonne la partie. Il n'est pas ici question de persiffler. Nous sommes ici pour raisonner , pour discuter sérieusement des points plus importans qu'ils ne vous le paraissent.

EDOUARD.

Volontiers. Commencez ; je serai docile et silencieux. J'écoute.

CHARLES.

Vous me direz qu'à considérer le mariage en général, il ne présente qu'un tableau douloureux, peines et tourmens; qu'il faut plaire à une femme , élever des enfans, convenir à toute une famille, passer par mille sortes d'épreuves , toutes plus désagréables et plus pénibles les unes que les autres......

EDOUARD.

Si j'eusse parlé, vous auriez répété mes paroles.

CHARLES.

Je m'en doute bien : mais pénétrez avec moi dans l'intérieur du temple ; vous n'y trouverez que douceurs, satisfaction, plaisirs. (Je suppose que vous êtes marié, que le ciel a béni votre union, et que vous possédez les qualités propres à mériter votre bonheur.)

EDOUARD.

Que le ciel me préserve à jamais de la première partie de vos suppositions !

CHARLES.

J'avoue que, comme tous les autres états de la vie, le mariage est un amalgame de biens et de maux, de tristesse et de joie, de douceur et d'amertume ; qu'il a ses disgrâces et ses avantages ; mais citez-moi, je vous prie, un état

de la vie qui soit exempt de ce mélange.

E D O U A R D *(d'un ton appuyé)*.

Celui de garçon !

E D O U A R D.

Vous dites cela d'un ton qui me per-
suaderait , si je ne savais avec Horace,
mon poëte favori, que personne n'est
jamais parfaitement heureux; que cette
vie est un état de guerre continuel,
que tel potentat est souvent forcé d'a-
vouer que le plus beau de ses jours est
un supplice. Supposez-vous dans telle
situation qu'il vous plaise d'imaginer ,
jamais vous ne vous trouverez satisfait:
vous vous plaindrez toujours. Vous aurez beau vous tourmenter pour vous
procurer un bonheur réel et complet,
le bonheur vous fuira. Quelque soin que
vous preniez d'éviter le chagrin, vous

le trouverez, malgré toutes vos précautions, à votre porte. Le trouble, comme
dit si bien Lucrèce, naîtra de votre repos, et l'amertume, de la source même
de vos plaisirs.

EDOUARD.

Mais vous avez prétendu d'abord que,
de tous les états de la vie, celui du mariage est le plus propre à faire supporter à l'homme les ennuis et les chagrins.

CHARLES.

Et je le soutiens, un célibataire peut-
il partager ceux-ci avec personne ? Il est
obligé de les couver et de les digérer,
pour ainsi dire, tout entiers dans son
sein. « Malheur à celui qui est seul, a
» dit le sage (1) ! s'il tombe, qui le rele-

(1) *Væ Soli.*

vera ? » J'ajoute, s'il est affligé, qui le consolera ? s'il a le cœur abreuvé de douleur, qui le soulagera ? à qui pourra-t-il confier le secret de ses peines ? dans quel sein exhalera-t-il ses soupirs, ses plaintes ? Si l'on dit d'un bien qu'on possède seul, qu'il n'est point agréable, que dira-t-on des maux qu'on ne peut partager, et auxquels personne, si ce n'est une épouse, ne peut prendre intérêt?

EDOUARD.

C'est-à-dire que, selon vous, l'homme marié est à l'abri de tout cela.

CHARLES.

N'a-t-il pas un aide, une compagne, un second lui-même qui prend tous les moyens, toutes les précautions, tous les ménagemens qu'on peut desirer, pour adoucir le sentiment de ses peines ? « Je

» ne sais qu'une chose, disait Sénéque
» à qui l'on parlait de sa femme Pauline ;
» c'est que son âme est fondue toute entière
» dans la mienne. » Et quelle plus grande
consolation pour un époux affligé, que
la présence et les soins d'une tendre et
vertueuse épouse ?

EDOUARD.

Savez-vous bien que tout ce que vous
me dites là est fort touchant ?

CHARLES.

Si vous le tourniez en plaisanterie, je
vous plaindrais. Mais enfin, si je vous
démontre toute l'utilité, toute la nécessité, toutes les perfections du mariage,
qu'aurez-vous à me répondre ?

EDOUARD.

Rien, puisque vous m'aurez convaincu.

1*

CHARLES.

A la bonne heure ! voilà de la bonne foi. S yez sûr que j'y répondrai : non que je prétende considérer le mariage tel qu'il peut être dans ses suites, mais tel qu'il est en lui-même ; car il faut bien distinguer ce qui lui peut être inhérent d'avec ce qui lui peut être accidentel. En soi, il n'a rien que de fort bon et de fort avantageux pour l'homme, dont sa destination est d'assurer le bonheur ; mais s'il lui devient funeste, s'il ne sème sous ses pas que des épines, c'est la faute de l'homme, et non celle du mariage. C'est à l'homme à savoir en profiter, et à s'en faire même une source de plaisirs et de félicité. Mais pour bien entendre ce que j'ai à vous dire aujourd'hui sur les qualités du mariage, il faut que vous le considériez sous un triple rapport.

EDOUARD.

Prenez garde de ressembler à l'homme

aux trois raisons du poëte comique (1).
Le temps des divisions et subdivisions
est un peu passé.

CHARLES.

Comme on sera toujours obligé, pour
se faire entendre nettement, d'y revenir,
permettez-moi de conserver mon triple
rapport.

EDOUARD.

Eh bien, voyons de quoi il s'agit.

CHARLES.

C'est de considérer le mariage, 1°. par
rapport à l'être suprême, qui en est l'auteur.

EDOUARD.

Ensuite ?

____

(1) Le personnage de M. Pincé, dans la comédie du
Tambour Nocturne de Néricault Destouches.

CHARLES.

2°. Par rapport à l'homme, pour qui il a été institué.

EDOUARD.

Aprés?

CHARLES.

Enfin, par rapport au monde, dont il est le principe perpétuel d'existence. — Sous ces trois rapports, vous n'avez rien qui surpasse le mariage en utilité comme en perfections.

EDOUARD.

Vous dites donc, mon cher, que c'est de Dieu, et de Dieu immédiatement, que cette association tire son origine.

CHARLES.

Vous n'avez qu'à ouvrir la Genése; vous y lirez qu'il n'eut pas plutôt tiré l'homme du néant , qu'il tira la femme *de l'homme pour l'homme ;* qu'à peine il l'eut créé, qu'il pensa à les marier.

E D O U A R D.

Je nie que le mot *marier* soit employé dans la Genèse à cet endroit. Voici mot à mot ce qu'on y lit (1) : « Il n'est pas bon, » dit Dieu, que l'homme vive seul : fai- » sons-lui une aide qui lui soit semblable. » Ainsi il forma une Eve à Adam, d'Adam » même. » Vous voyez bien, mon cher monsieur, qu'il n'est pas plus question de mariage dans tout cela que de ne pas aller me noyer , si je m'avisais de vou- loir me marier.

C H A R L E S.

Un instant, s'il vous plaît, monsieur :

(1) 2—18.

n'oubliez pas ce que dit l'apôtre: «L'homme
» abandonnera son père et sa mère,
» pour s'attacher à sa femme ». Je crois
qu'il n'y a rien de plus positif, et que
voilà l'institution du mariage qui date de
la création du monde.

EDOUARD.

Le mot *marier* n'y est toujours pas,
prenez garde; et c'est une grande pierre
d'achoppement pour votre argument.

CHARLES.

Point du tout. Comment voudriez-
vous que Dieu eût introduit le concubi-
nage dans son paradis terrestre ? Cette
supposition n'est pas soutenable. Le mariage d'Adam avec Eve fut après la création du monde le premier soin du créateur, tant il le jugea nécessaire. Il semble
même qu'il fasse en quelque sorte partie

de la création, et que sans lui le monde eût été incomplet.

E D O U A R D.

Que n'ajoutez-vous aussi que la qualité de mari aurait manqué à l'homme pour être parfait, et que sans elle, il n'eût pas été digne de l'empire que lui donna le créateur sur les autres créatures ?

C H A R L E S.

Vous ne m'en donnez pas le temps, avec votre ton de plaisanterie déplacé. C'est peut-être par la raison de votre sarcasme que les juifs disent d'un garçon qu'il n'est qu'un demi-homme. — Combien d'institutions humaines, combien de lois que l'on n'estime qu'à cause de leurs auteurs ? Croyez vous que ce ne soit pas un grand honneur pour la philosophie d'avoir été enseignée par un Aristote, et

que les Socrate et les Platon n'en ont pas
autant fait à la sagesse que la sagesse leur
en a fait?

EDOUARD.

Je me garderai bien de contester là-
dessus.

CHARLES.

Eh bien, sur ce pied-là, je pense qu'on
ne peut refuser à l'état de mariage une
très-grande considération. Il y a dans son
institution plus qu'Aristote, plus que
Socrate, plus que Platon, plus que les
rois, plus que Moïse même, auteur de
la loi, plus que tous les législateurs ensemble; son instituteur est Dieu.—Oui,
monsieur, le mariage est sa production,
son ouvrage; c'est le caractère ineffaçable
de son autorité, le type indestructible et
permanent de sa prévoyance, de sa sagesse et de sa bonté pour l'homme.

EDOUARD.

Quelle emphatique agglomération de

paroles pour me prouver que le mariage est d'institution divine ! Mais tout dans le monde est de cette institution, puisque rien n'existe que par l'auteur des choses. — Voyons à présent, s'il vous plaît, ce que le mariage est par rapport à l'homme, puisque c'est pour lui qu'il a été institué. Vous m'avez inspiré, malgré quelques longueurs que vous pourriez abréger, le plus vif desir de vous entendre, et de vous voir épuiser toute cette matière du mariage.

CHARLES.

Je vais vous satisfaire, en vous observant cependant que toutes mes longueurs sont nécessaires. Dans la morale, comme vous savez, on nomme un bien ce qui convient le mieux à la nature de l'homme, ou ce qui est le plus proportionné à son état et à ses besoins: d'après cette définition, quel bien plus digne de ses soins et de son attention que le mariage ?

EDOUARD.

Je vous attends.

CHARLES.

L'homme est né pour la société. C'est, comme quelqu'un l'a appelé, un animal sociable; il ne saurait vivre seul (1). Mais de toutes les sociétés, laquelle lui est plus agréable que celle d'une femme? La nature a donné à l'homme je ne sais quel penchant irrésistible de s'unir à cet objet qui, dès l'instant qu'il reconnaît l'usage de sa desti-

(1) Il est à observer que ceux qui choisissent la retraite s'y mettent toujours avec d'autres hommes. On voit fort peu, surtout à présent, de ces ermites qui s'enterrent tout vivans dans une grotte. Les Chartreux, les Trapistes eux-mêmes, du temps qu'ils existaient en France, se seraient bientôt lassés de leur train de vie, tout *saint* qu'il pouvait leur paraître, s'ils n'avaient pas eu la liberté de voir quelques amis, et de se parler quelques jours de la semaine. Il faut, dit le précepteur d'Alexandre, être un ange ou une bête pour vivre seul.

nation, attire à soi toutes ses pensées, toutes ses affections. D'ailleurs, il ne faut pas de fort grands raisonnemens, pour se convaincre que l'homme a été fait pour la femme et la femme pour l'homme. Cela est si vrai, que vous n'avez pas de goût pour le mariage, parce que vous en avez un trop vif pour toutes les femmes.

EDOUARD.

C'est vous qui l'avez dit. Privé d'elles et du charme de leur société, je me croirais réduit à la condition des bêtes.

CHARLES.

Vous ne dites pas tout; ajoutez que souvent même, après en avoir beaucoup médit, vous êtes forcé d'avouer qu'elles sont, comme je vous l'ai plus d'une fois entendu proférer, *un mal nécessaire*, et que la privation de ce mal en serait un incomparablement plus grand pour vous.

EDOUARD.

J'en conviens.

CHARLES.

Combien donc le mariage, qui donne à l'homme une femme , c'est-à-dire ce qu'il préfère souvent à tous les trésors du monde, et sans laquelle tout le reste lui serait presque insupportable ; combien, dis-je, ce nœud sacré de la société ne réunit-il pas de perfections ? Comme il est proportionné à l'état de l'homme ! comme il est conforme à l'activité de ses passions, de ses desirs ! Eh n'est-ce pas ce que prouve jusqu'à l'évidence cette véhémente ardeur que l'homme a de se multiplier , de laisser après soi une postérité ; fin aussi légitime que naturelle du mariage ?

EDOUARD.

Et voilà justement, monsieur, la fin que je ne veux point, et qui fera toujours.....

CHARLES.

Quoi ?

EDOUARD.

Que je ne me marierai jamais.... Une légion d'enfans..... Ah, bon Dieu ! bon Dieu !....

CHARLES.

C'est donc là votre raison, messieurs les célibataires.

« *Jucundum et carum sterilis facit uxor amicum* (1) ».

« Une femme ne vous est chère qu'autant qu'elle » est stérile. »

Chef-d'œuvre de morale, en vérité !

(1) *Juvénal, Satire V*. (La ligne française qui suit ce vers latin en est l'explication).

Croyez-moi , monsieur, laissez dire à Caton : « *Si mundus carere posset libe-* » *ris , conversatio nostra non esset sine* » *Diis* (1) ». Les honnêtes gens en reviendront toujours à s'aimer dans leurs enfans , comme dans les plus légitimes et les plus doux fruits de l'hyménée. C'est aussi la principale fin que se proposent les hommes honnêtes , qui n'écoutent point la voix de la nature quand elle étouffe celle de la raison.

E D O U A R D.

Savez-vous que vous êtes sévère dans vos assertions ?

C H A R L E S.

En quoi me trouvez-vous tel? Et que me direz-vous donc si j'ajoute que le

____

(1) C'est-à-dire, si le monde pouvait manquer d'enfans , nous aurions toujours les Dieux pour témoins de ce que nous disons.

mariage est l'antidote le plus puissant contre l'incontinence , et le meilleur remède contre les chagrins et les soins domestiques ? Qui ne sait que, dans ce qu'on appelle si justement le ménage, la femme est propre à tel emploi, le mari à tel autre ; que les soins de l'un sont tout à fait distincts de ceux de l'autre ? Qui ne sait que l'homme est sujet à une infinité d'accidens et d'infirmités pour lesquels une femme lui est, si non du plus grand secours , au moins de la plus grande utilité. « C'est alors, pour parler » le langage d'un auteur ancien (1) , » qu'une femme n'est ni un fardeau ni » une croix, mais qu'elle allège puissam- » ment les fardeaux les plus lourds, les » croix les plus accablantes ».

E D O U A R D.

Tout cela est fort bien ! Mais parlez-nous du mariage par rapport au monde.

(1) *Hierocl. apud. Stobæum. Serm.* 186.

CHARLES.

Sous ce rapport, monsieur, il n'est pas moins avantageux à l'homme. Sans le mariage, on peut dire de deux choses l'une, ou que le créateur eût manqué son but, qui était de multiplier à l'infini les individus humains, ou que s'il l'eût rempli, ce n'aurait été que par des moyens indirects, injustes, violens, criminels même, qui auraient fait du monde un théâtre d'inpudicité, de confusion, de désordres et d'abominations. Eh bien, monsieur, le mariage produit ce bien et détourne ce mal, que le créateur jouit de la fin qu'il s'est proposée, et que le monde est garanti de sa ruine. Le mariage peuple la terre d'habitans, et entretient parmi eux la pudeur et la sagesse. Il donne à chaque sexe son légitime usage ; et frein utile à l'intempérance, il met la vertu à l'abri de la violence et de l'insulte.

EDOUARD.

EDOUARD.

Est-ce bien sûr tout ce que vous me dites-là ?

CHARLES.

Vous me le demandez?...Laissez-là tous vos chers amis du jour , vos sociétés d'une semaine , vos Pénélopes d'une quinzaine ou d'un mois ; ne voyez que des gens probes , honnêtes et vertueux, la bonne compagnie enfin, dans toute la force de ce mot, et vous verrez des exemples qui vous répondront. Je m'en tiens donc à ce que je viens de vous dire ; et je vous demande si, après cela, l'on doit s'étonner que dans les États bien policés, on ait pris un si grand soin d'y faire respecter le mariage ; que dans la république de Lycurgue, on ait exclu des jeux et des assemblées publiques ses antagonistes ; que dans celle de Platon, les célibataires soient déclarés infâmes à trente-cinq ans; qu'en un mot, de tout temps, même chez les nations les plus barbares, on ait eu des déférences marquées pour les hommes mariés? Le mariage, monsieur, est la pépinière du monde, la source inépuisable des familles : il remplit les villes de citoyens; donne des rois aux peuples, des peuples aux rois; attache, pour ainsi dire, le laboureur à la charrue, le juge au tribunal, le soldat aux armées : c'est lui qui fournit des héros à la terre. Dans l'ancienne mythologie, il a fourni des dieux. Saturne avait sa Cybéle, Jupiter sa Junon. C'est le mariage enfin qui fait fleurir les sciences et les arts, qui soutient le commerce et l'industrie, qui fait subsister les sociétés; c'est à lui que l'on est redevable de la plupart de ces lois sages et prévoyantes, de cette exacte et utile surveillance, sans lesquelles le monde ne serait qu'une caverne de brigands.

EDOUARD, *ironiquement.*

Je conçois qu'il n'en faut pas davantage pour prouver que le nœud conjugal est la plus belle des institutions ; et que par ses perfections, rien ne peut lui être comparé.

CHARLES, *sévèrement.*

Pardonnez-moi, monsieur, il en faut davantage ; car on peut encore ajouter aux preuves que je viens de donner, qu'il a toutes les perfections, puisque le mot vous est enfin échappé ; et vous en serez encore plus persuadé, si vous le considérez avec moi, d'abord comme le lien le plus doux de la plus parfaite et de la plus salutaire des unions ; en second lieu, comme l'exercice heureux de la plus légitime et de la plus douce autorité.

ÉDOUARD.

Je considérerai tout ce qu'il vous plaira,

pourvu que vous me persuadiez ; sans cela je ne vous tiens pas quitte.

CHARLES.

Eh bien , en soi, dans sa fin , dans sa manière, rien, encore une fois , ne réunit plus de perfections que le mariage , et je le prouve : qu'unit-il d'abord ? l'homme et la femme; les deux êtres, physiquement parlant, les plus parfaits de la création , doués à l'exclusion des autres animaux, de la raison et de l'intelligence , créés enfin à l'image du Créateur (1). Et que pensez-vous que soit la première partie d'un si grand sujet ? Une âme divine , immortelle , une substance céleste , dégagée de la matière ; un être qui participe en quelque sorte de celui de Dieu même. (Le philosophe Sénèque va encore plus loin (2) : il veut que ce

(1) *Gen.*
(1) *Quid aliud voces animam nisi Deum in humano corpore hospitem ? Sen. Ep. 32.*

soit la Divinité elle-même qui ait choisi le corps humain pour son séjour terrestre). A l'égard du corps, qui est la seconde partie, et que le mariage unit dans l'homme et dans la femme, je crois que vous conviendrez bien que, relativement à sa forme, à sa substance, ainsi qu'à sa destination, qui, pour me servir de l'expression d'un Père de l'Eglise, est d'être comme le vêtement de l'âme (1), c'est l'ouvrage le plus parfait et le plus étonnant de la nature. Je ne vous parle pas de son usage, qui s'applique aux actions les plus importantes, les plus nobles et les plus nécessaires de la vie.

ÉDOUARD.

C'est-à-dire, selon vous, que le mariage unit les corps et les âmes?

CHARLES.

Oui, monsieur; tel qu'il est en soi,

______

(1) *Corpus est vestimentum animæ.* Saint-Chrysostôme.

mais non pas tel que les hommes le rendent par leurs extravagantes passions. Sa perfection naît de ce qu'il unit les deux plus parfaites créatures de l'Univers créé, l'homme et la femme ; de ce qu'il ne se compose que de ce qu'il y a de plus rare et de plus précieux. Où voit-on ailleurs cette sorte d'union ? est-ce dans les astres ? Leur conjonction n'est que purement corporelle. Dans les animaux ? Elle y est purement charnelle. Dans l'union des sexes ? L'âme n'y a presque jamais aucun rapport ; besoin de s'unir et rien de plus. Sera-ce dans l'amitié ? Union d'âme, à laquelle le corps n'a aucune part. Le seul mariage unit l'un et l'autre ; et seul, dans les unions les plus étroites, il a ce degré de perfection qu'on ne saurait lui contester.

ÉDOUARD.

Voulez-vous que je vous parle sincèrement ?

CHARLES.

Sans doute. Autant vaudrait ne pas parler du tout, que parler autrement dans cette sorte de discussion.

ÉDOUARD.

Hé bien ! c'est que je trouve dans l'amour tous les mêmes avantages que vous venez d'énumérer avec une profusion d'éloquence qui me....

CHARLES, *l'interrompant.*

Tant mieux ! abondance de biens.... En ce cas, je ne désespère plus de votre conversion pour le mariage.

ÉDOUARD.

Pourquoi ?

CHARLES.

C'est que l'amour véritable y mène

tout droit. Mais laissez-moi finir le détail des perfections de l'hyménée. Je veux, avant quinze jours, vous voir arriver un beau matin, et me dire : « Je » suis marié. »

ÉDOUARD.

Vous seriez bien habile !

CHARLES.

Ce ne serait pas moi qui le serais le plus de nous deux ; mais poursuivons.— La seconde perfection du mariage consiste dans la fin que la nature s'y propose, de multiplier l'espéce humaine. Il est prouvé, d'ailleurs, qu'il retient les deux sexes dans les limites de l'honnéteté, de la pudeur et de la sagesse ; qu'il est l'antipode dés honteux désordres et de l'infâme débauche. Ce n'est pas là, j'espére, un petit avantage !...

ÉDOUARD.

J'en conviens.

CHARLES.

Je passe à l'action ou à la manière dont agit l'union du mariage. De deux corps et de deux âmes, elle n'en fait qu'un. C'est le *moi* du Sosie (1) du poëte comique; c'est l'union la plus intime qu'on puisse imaginer; c'est enfin un seul et même être en deux personnes différentes. Ce qui arrive à l'un touche également l'autre. Comme ils ressentent les mêmes peines, ils partagent les mêmes plaisirs. La douleur et la joie font sur chacun d'eux les mêmes impressions, et les sensations de l'un sont en même temps celles de l'autre. C'est cette grande et admirable

_____

(1) Molière, comédie d'*Amphitrion*, pièce profondément immorale. (Pardon, divin Molière!)

2*

communauté de biens et de maux, de plaisirs et de peines, de joie et de chagrin, qui fait une des plus belles prérogatives du lien conjugal ; qui de deux intérêts n'en fait qu'un seul et même ; où l'un ne peut être heureux ou malheureux sans l'autre ; où la destinée de l'époux est celle de l'épouse ; où tous deux vivent sous les lois d'un même sort. Ni dans l'antiquité, ni dans les temps modernes, jamais l'amitié n'eut rien de comparable à une telle intimité. On pourrait dire de celle-ci qu'elle est la sympathie perfectionnée.

ÉDOUARD.

Je vous admire, en vérité ! vous voudriez peut-être me persuader qu'il n'est point de vrai plaisir, point de vrai bonheur hors du mariage.

CHARLES.

Non, monsieur, il n'en est pas ; ou bien c'est une félicité factice, passagère, qui ne vous laisse dans l'âme qu'un vide affreux, et bien souvent des remords. Vous apprécieriez bien mieux celle dont je vous parle, si vous pouviez vous faire une idée de la confiance mutuelle qu'inspire le mariage; du plaisir de trouver dans une épouse adorée et qui mérite de l'être , un autre soi-même, qui a le même intérêt que vous à faire votre bien, à travailler à votre conservation ; de la satisfaction de pouvoir répandre dans son sein vos sujets de joie et de tristesse, vos plus secrètes pensées, vos larmes mêmes. Accablé du double poids des affaires personnelles et des soins domestiques , qui mieux que votre épouse peut vous en alléger le fardeau? Transportez-vous un instant en idée au faîte des grandeurs humaines, et écoutez ce que dit à un grand empereur une de ses esclaves, qui parvint à s'asseoir auprès de lui au trône.

« Epouse d'un Sultan, une femme estimable,
Qui fait asseoir la tendre humanité
    A coté de la majesté,
Aux yeux de ses sujets le rend-elle coupable ?
    Sans cesse, avec activité,
    Elle étudie, elle remarque
Ce qui nuit, ce qui sert à votre autorité ;
    Vous présente la vérité,
    Le premier besoin d'un monarque ;
    Et vous l'offrant dans tout son jour,
Elle sait l'embellir des roses de l'amour.
    Eh ! quel autre aurait le courage
    D'en offrir seulement l'image ?
    Est-ce un courtisan toujours faux,
    Qui ne trouve son avantage
Qu'à vous tromper, qu'à flatter vos défauts ?
    Une compagne qui vous aime
Dans votre bonheur seul fait consister le sien.
Les vertus d'un époux deviennent notre bien,
    Et sa gloire est la nôtre même (1) ».

ÉDOUARD.

Voilà des vers aimables et faciles sans
doute. Ils sont surtout fort engageans;

____

(1) *Soliman II*, ou *les Trois Sultanes*, jolie comédie
de Favart, qu'on devrait s'attacher à jouer avec tout
'ensembl e et le soin possibles.

mais permettez-moi de vous dire que ,
pour moi, chansons ne sont pas raisons.
Votre Roxelane, qui les débite au théâtre, a les siennes pour les faire sonner
à l'oreille du sultan des Turcs.

CHARLES.

D'accord. Eh bien, je laisse les vers, et
reprends ma prose. Écoutez moi. Toutes
les autres sociétés sont des sociétés pas-
sagères, infécondes, si je puis me servir de ce terme; des sociétés de dissipa-
tion, ou d'agrément, ou d'intérêt. Celle
du mariage est seule durable, et survit
souvent au trépas.

ÉDOUARD.

Vous me citerez les Portia, les Arthé-
mise.... (*s'interrompant*) Savez-vous
bien qu'il n'en est pas béaucoup aprés
ces deux illustres veuves ? Ainsi, rayez
votre mot *souvent.*

CHARLES.

Je ne rayerai rien, et je vous ferai voyager au-delà du Gange, s'il le faut.

ÉDOUARD.

Ah! voici venir les veuves du Malabar! Mais voulez-vous que je vous dise?... elles ont bien de la bonté.

CHARLES, *tristement.*

Elles suivent l'usage. Il est vrai qu'il est déplorable.

ÉDOUARD.

Déplorable? Il est odieux! Les plus jolies petites femmes du monde, victimes d'un préjugé aussi féroce!.... C'est une abomination!.... Je ne sais d'honneur pas comment, dans cepays-là, les femmes osent se marier. Je vous ferai lire la relation d'un de ces dévoûmens religieux. Elle vous fera frémir.

CHARLES.

C'est l'effet qu'a toujours produit sur moi la superstition. Mais ne nous écartons pas de notre texte. — Il en est de la vertu d'un célibataire, et de celle d'un homme marié, comme de l'avarice et de la libéralité. Celle - ci est communicative, prévenante, aimable, obligeante ; l'autre est brutale, rechignée, atrabilaire, repoussante. L'une a sans cesse la main ouverte pour répandre ; l'autre la ferme toujours, comme son cœur. La vertu du célibat est une vertu morte, bonne à rien, et qui ne profite à personne ; une vertu d'égoïste enfin, tranchons le mot.

ÉDOÜARD.

Fort bien, vous parlez comme Démosthéne et Cicéron. Continuez.

CHARLES.

La vertu du mariage, au contraire, est une vertu, si l'on peut le dire, vivante et productive, qui ne tend qu'à se multiplier. C'est une vertu publique, exemplaire, qui ne veut que le maintien des mœurs et de la société ; c'est enfin la vertu personnifiée et agissante. Je suis fâché de vous citer un philosophe de notre âge, dont les trop fréquens écarts n'ont pas peu contribué à discréditer les opinions (1) ; mais les paroles suivantes qu'il a mises dans la bouche d'un pére de famille, qui veut détourner sa fille du célibat, sont si éloquentes et si bien adaptées à mon sujet,

(1) Diderot, drame du *Père de Famille.*

que je ne puis me défendre du plaisir de
vous les répéter. « Cécile , la nature a
» ses vues , et si vous y regardez bien ,
» vous verrez sa vengeance sur tous ceux
» qui les ont trompées : les hommes pu-
» nis du célibat par le vice , les femmes
» par le mépris et par l'ennui.... Vous
» connaissez les différens états; dites-
» moi, en est-il un plus triste et moins
» considéré que celui d'une fille âgée ?
» Mon enfant, passé trente ans , on sup-
» pose quelque défaut de corps ou d'es-
» prit à celle qui n'a trouvé personne
» qui fût tenté de supporter avec elle
» les peines de la vie. Que cela soit
» on non, l'âge avance, les charmes
» passent , les hommes s'éloignent, la
» mauvaise humeur prend, on perd ses
» parens, ses connaissances, ses amis. Une
» fille surannée n'a plus autour d'elle
» que des indifférens qui la négligent,
» ou des amis intéressés qui comptent
» ses jours. Elle le sent, elle s'en afflige,

» elle vit sans qu'on la console, et meurt
» sans qu'on la pleure.... Le mariage
» est un état que la nature impose. C'est
» la vocation de tout ce qui respire. Ma
» fille, celui qui compte sur un bonheur
» sans mélange, ne connaît ni la vie de
» l'homme, ni les desseins du ciel
» sur lui. Si le mariage expose à des
» peines cruelles, c'est aussi la source
» des plaisirs les plus doux Où sont les
» exemples de l'intérêt pur et sincère,
» de la tendresse réelle, de la confiance
» intime, des secours continus, des sa-
» tisfactions réciproques, des chagrins
» partagés, des soupirs entendus, des
» larmes confondues, si ce n'est dans le
» mariage? Qu'est-ce que l'homme de
» bien préfère à sa femme ? Qu'y a-t-il
» au monde qu'un père aime mieux que
» son enfant? O liens sacrés des époux !
» si je pense à vous, mon âme s'échauffe
» et s'élève ! O noms tendres de fils et
» de fille, je ne vous prononçai jamais

» sans tressaillir, sans être touché ! Rien
» n'est plus doux à mon oreille, rien
» n'est plus intéressant à mon cœur. Cé-
» cile, rappelez - vous la vie de votre
» mère. En est-il une plus douce que
» celle d'une femme qui a employé sa
» journée à remplir les devoirs d'épouse
» attentive, de mère tendre, de maî-
» tresse compâtissante? Quels sujets de
» réflexions elle emporte en son cœur ,
» le soir, quand elle se retire !» — Vous
vous retirez aussi, je crois ?

ÉDOUARD, *cachant son trouble.*

Oui; je reviendrai tantôt. J'ai affaire.

CHARLES, *qui s'aperçoit de son émotion.*

Je vous attendrai.

Fin du premier Entretien.

DEUXIÈME ENTRETIEN.

Sur l'autorité paternelle dont le Ma-
riage confère le droit.

LES MÊMES.

CHARLES.

'Après vous avoir démontré, dans notre entretien de ce matin, l'utilité de
l'union conjugale, ainsi que ses avantages,
il faut vous les faire voir dans l'autorité
dont elle confère le droit ; autorité sans
doute la plus ancienne et la plus légitime, puisqu'elle a servi de base et de
modèle à toutes les autres. Il me semble
toujours qu'on ne fait pas assez d'attention
à cette souveraineté des pères sur leurs
enfans. Il n'est peut-être rien de si admirable et de si touchant dans la nature.
Quelle satisfaction de voir *ce peuple de*
franc vouloir, pour parler le langage de
Montaigne et d'Amyot, soumis à vos

volontés, toujours prêt à vous obéir, toujours zélé à vous servir, toujours intéressé à tout ce qui vous touche, vous répondre si vous lui parlez; garder le silence si vous vous taisez ; s'humilier devant vos remontrances ou votre mécontentement ; se réjouir de vos louanges ; voler au moindre signe de commandement; s'abstenir devant vos défenses; trembler, être consterné, s'il a pu vous déplaire ; tressaillir de joie à l'aspect de votre visage gai et serein!.... Maître de leur bonne et de leur mauvaise destinée, vous faites de vos enfans, si je puis ainsi parler, tout ce que bon vous semble; vous les tournez à votre fantaisie. Sans jamais vous demander raison de votre conduite à leur égard, ils la croient toujours pleine de sagesse, et se font gloire de s'y soumettre aveuglément. Comme ils sont persuadés que tout ce que vous dites ou vous faites ne peut être que pour leur bien ou leur avantage, loin d'agir contre votre desir ou votre volonté, vous les trouvez toujours empressés de vous témoigner leur zèle et leur reconnaissance. Enfin, monsieur, jamais autorité ne fut ni plus douce, ni plus absolue ; c'est le principe de tout bon gouvernement. Rien ne l'approche plus de celui de la Divinité ; et c'est principalement en cela qu'un père en est la plus vive, comme la plus touchante image.

ÉDOUARD.

Convenez cependant d'une chose : c'est que le nombre infini de sujets, qui fait la grandeur et la prospérité des autres dominations, fait le malheur de celle-ci.

CHARLES.

Quelle idée ! pourquoi prétendez-vous cela ?

ÉDOUARD.

Parce qu'il s'en faut bien que, dans une famille, tous les enfans soient du caractère dont vous les représentez. Combien n'en est-il pas qui ne semblent nés que pour désespérer leurs parens ? On lit dans un tragique grec (1) que, dans un grand nombre d'enfans, à peine il s'en trouve un plus honnête homme que son père; dans un autre (2), qu'il en est peu de meilleurs, et beaucoup de plus méchans.

CHARLES.

Je ne nie pas votre conséquence : elle n'est malheureusement que trop vraie. Le monde est plein d'enfans ingrats et de pères malheureux. Mais malgré ce proverbe des anciens : « *Heroum filii* » *noxœ*, les enfans des grands hommes

(1) *Euripide.*
(2) *Soph...* .

» sont des fléaux » ; malgré ce qu'ont pu dire vos deux poëtes grecs, il faut pourtant convenir que c'est principalement dans la plus basse classe du peuple qu'on trouve le plus communément de ces enfans dénaturés, qui, violant les saintes lois de la nature, se font un jeu de persécuter ou de déshonorer les auteurs de leurs jours. On ne voit que bien rarement parmi les gens bien nés des *Cham* et des *Absalon*. J'ajouterai même qu'il est fort peu de pères qui ne puissent, s'ils le veulent, jouir avec plaisir de cette suprême autorité que Dieu même leur donne sur leurs enfans. Cela ne dépend que de l'éducation et de la manière de les élever.

Trois choses favorisent particuliérement cette autorité paternelle, qui peuvent singuliérement contribuer à la rendre douce et fortunée. La premiére, c'est que les pères s'attachent à former eux-mêmes leurs propres sujets, non-

seulement

seulement par la naissance que ceux-ci tiennent d'eux, mais par l'éducation. Ne sont-ils pas en quelque sorte maîtres de leur esprit? La nature ne les leur met-elle pas entre les mains, semblables en quelque sorte à ces feuilles de papier blanc, sur lesquelles ils peuvent tracer ou imprimer telles maximes qu'il leur plaît? Ils ne trouvent à cela aucune résistance. Les enfans suivent d'eux-mêmes la pente qu'on veut leur donner; de sorte qu'il ne tient qu'aux pères de s'en faire obéir et respecter, en leur inspirant la sagesse et la docilité, et de jouir de cet empire, dont la principale force consiste dans l'amour des sujets (1).

ÉDOUARD.

Il n'est pas même besoin pour cela de tant d'appareil, l'exemple suffit. Tous les enfans sont en général grands imi-

(1) *Sénèque, liv.* 1er *de la Clémence., ch.* 19.

tateurs , surtout de leurs péres. Maniéres de parler et d'agir, mœurs, gestes mêmes, rien n'échappe à leur esprit d'imitation.. Rien n'est donc plus important pour les enfans que l'exemple, comme rien n'est plus commode pour les péres qui ne savent en donner que de bons. Vous voyez que je ne suis pas toujours si superficiel....

CHARLES.

Vous avez raison ; et combien ils peuvent s'éviter par là de paroles et de discours! L'exemple, l'exemple! c'est le meilleur des sermons; c'est le plus court chemin qu'on puisse tracer aux enfans pour arriver à la vertu.

Le second avantage de cette autorité vraiment patriarchale , est fondé sur l'espoir qu'ont tous les sujets sur lesquels elle s'exerce, de tenir un jour la même place que leurs péres , et de devenir à leur tour les rois de leurs enfans. Or, pour peu que les enfans aient de bon sens et de raison, ils se garderont bien de négliger envers leurs auteurs les devoirs qu'ils seraient bien fâchés de ne pas voir pratiquer envers eux-mêmes, lorsqu'ils occuperont le trône de la paternité.

EDOUARD.

Je suis sur tout cela de votre avis. Je conçois que si nous aimons à imiter nos pères, ceux-ci ne sont pas moins charmés de voir leurs enfans les imiter.

CHARLES.

Eh, monsieur! n'est - il pas de leur plus grand intérêt de s'acquiter religieusement envers leurs pères des devoirs d'obéissance, de soumission et de respect que la nature même leur dicte? Y manquer, serait établir contre eux - mêmes un systême de révolte et d'insubordination qui les perdrait. On est ordinaire-

ment plus long-temps père qu'on n'est
enfant; ainsi, quand ces devoirs ne seraient point ce qu'ils sont en effet, les
plus légitimes et les plus justes, il n'est
pas un enfant auquel un principe d'a-
mour-propre ne doive les rendre chers
et sacrés.

EDOUARD.

J'attends impatiemment ce que vous
appelez le troisième avantage de l'autorité paternelle.

CHARLES.

Le voici : C'est que le père l'exerce
continuellement dans ses moindres actions, sous les yeux de ses enfans; c'est
qu'il ne s'y propose que leur bonheur;
qu'il ne travaille que pour leur avancement; que c'est là le terme de ses espé-
rances, l'unique but auquel il tend. Et
quels enfans ne seraient pas des monstres d'ingratitude, s'ils manquaient d'honorer et de respecter des pères qui con-

sument leur existence pour assurer la
leur sur une fortune bien acquise et une
bonne réputation?

E D O U A R D.

Souvent tous les pères n'y réussissent
pas....

C H A R L E S.

C'est un malheur attaché à tous les
projets, à toutes les entreprises de ce
monde. Mais tous les pères n'en ont pas
moins l'intention, le desir ; tous tendent
à ce but honorable.

E D O U A R D.

Voilà pourquoi je trouverais plus d'a-
veuglement que d'ingratitude aux enfans qui refuseraient leur obéissance,
leur soumission, à une autorité si justement établie.

C H A R L E S.

Et vous avez parfaitement raison. —
Voilà donc trois caractères qui sont par-

ticuliers à l'autorité paternelle, et qui la distinguent éminemment de toutes les autres dominations. Qui pourrait après cela douter de la douceur de son joug ?

E D O U A R D.

Le fait est que je n'en connais pas de plus doux ; mais je trouve qu'on n'y fait pas assez de réflexion. J'oserais presque soutenir que c'est une des choses qui peuvent le plus adoucir les chagrins et les ennuis d'un père.

C H A R L E S.

C'est avec plaisir que je vous vois là-dessus de mon sentiment. Vous êtes bon fils, vous serez bon père.

E D O U A R D.

Vous me flattez vivement ; mais je jure que jamais je ne serai ce que vous me prophétisez.

C H A R L E S.

Ne jurez point. Vous représentez-vous

encore une fois des enfans honnêtes et bien élevés qui, comme autant de fidèles sujets, vous environnent, vous gardent, vous aiment, vous respectent et bénissent leur père? Quelle douce et vive satisfaction de pouvoir en tout temps, en toutes circonstances, vous assurer de leur cœur, de leur foi, de leur zèle, de leur prompte obéissance! Quelle secrète et touchante volupté de voir tous ces autres vous - mêmes s'intéresser à l'envi les uns des autres à votre conservation! Quelle joie enfin d'avoir sans cesse sous vos yeux, à vos côtés, à votre table, cette troupe d'amis vrais, de fidèles serviteurs, de sujets soumis!

EDOUARD.

Que de biens perdus, mon cher monsieur! Jamais je ne verrai tout cela.

CHARLES.

Ne jurez de rien, encore une fois. Eh!

si l'on y faisait bien attention, et qu'on re-
gardât les choses comme il faut, où sont
les amertumes qu'un pareil tableau ne
fût capable d'adoucir, les maux qu'il ne
fît oublier ?

EDOUARD.

Vous avez raison : j'en suis ému comme
vous.

CHARLES.

C'est pourtant du mariage que naît
cette satisfaction, cette joie si douce et si
pure, cette volupté si exquise à laquelle
les sens n'ont aucune part ! c'est lui qui
procure tous ces avantages. Quelle institution plus belle et plus convenable aux
desirs de l'homme pouvait-on imaginer ?
Citez-m'en une seule qui l'égale en perfections.

ÉDOUARD.

Vous avez beau dire, vous ne m'y en-
gagerez jamais.

CHARLES.

Vous seul y perdrez. Mais laissez-moi poursuivre, ou ne parlons plus.

EDOUARD.

Pardonnez-moi : j'ai trop de plaisir à vous entendre. Vous avez trop bien défini les rapports de l'amour paternel et filial....

CHARLES.

Je touche à la conclusion de notre conférence d'aujourd'hui. — On dit de la vérité, qu'elle est ce que tout le monde s'accorde à croire : je dis de même qu'une chose excellente est celle que tout le monde s'empresse de pratiquer. Le mariage est précisément cette chose ; partout il est en honneur : le Hottentot dans sa hutte, le plus farouche Algonquin dans ses bois, le Nègre le plus sau-

3*

vage dans ses déserts, tous lui rendent un solennel hommage. Que ferait - on d'un perpétuel célibat ? Ne fut-il pas de tout temps regardé comme une opprobre faite à l'humanité, comme la peste des républiques ? Les Romains ne privaient-ils pas les célibataires de leurs successions ? les Corinthiens des honneurs de la sépulture ? les Argiens de toutes sortes de présens ? Les Athéniens mêmes, dont les mœurs étaient assez relâchées, ne poussaient-ils pas cependant la sévérité à leur égard jusqu'à les fustiger devant les autels des dieux, dans leurs jours de solennités ?

EDOUARD.

Savez-vous bien qu'à l'ombre de vos citations historiques, vous me décochez-là de belles et bonnes épigrammes à bout portant ?

CHARLES.

J'ai l'honneur de vous assurer que

c'est le plus innocemment du monde, et que c'est à quoi je pense le moins. Je n'ai que mon objet en tête, et je me résume.

Je dis donc que si le mariage est de tous les lieux et de tous les temps, on peut dire aussi qu'il est de toutes les personnes. La naissance, la mort et le mariage sont les trois termes où tous les hommes aboutissent. Tous naissent, tous meurent, et presque tous se marient. Petits et grands, pauvres et riches, bergers et rois, ignorans et savans, barbares et civilisés, orateurs, poëtes et philosophes, vieux et jeunes, hommes de toutes professions, de tous âges, de toutes complexions, tous se rangent sous les enseignes de l'hymen. C'est un terrible argument contre le célibat, et une preuve bien forte de l'excellence de mon sujet. Vous en tirerez telle conséquence qu'il vous plaira.... Mais comme rien ne fait briller une vertu avec plus d'éclat que de la mettre en comparaison avec le vice qui lui est opposé, je me propose dans dans l'entretien que nous aurons demain, de comparer le mariage avec l'infamie de la débauche, ce qui sera aussi le sujet de la seconde partie de nos conversations.

EDOUARD.

J'aurai certainement grand plaisir à vous entendre, et à profiter de vos leçons.

CHARLES.

Dieu veuille qu'elles vous profitent également ! C'est mon vœu le plus sincère.

EDOUARD.

Je vous en remercie comme je le dois.

CHARLES.

A demain ?

EDOUARD, *obligeamment.*

A demain.

Fin du second Entretien , et de la première Section.

SECONDE SECTION.

SOMMAIRE.

TROISIÉME ENTRETIEN.

Sur l'infamie du Libertinage.

CHARLES, ÉDOUARD, FLORICOUR.

FLORICOUR, à Charles.

J'ENTRE chez vous sans me faire annoncer : (*apercevant Edouard*) c'est une indiscrétion, car vous êtes en affaire. Si votre monde me l'eût dit, je ne serais pas entré si librement.

CHARLES.

'Au contraire ; vous me faites grand plaisir d'en agir sans cérémonie avec moi. Vous dînerez ici, et vous profiterez d'une partie d'un cours de morale que nous faisons, monsieur et moi, sur les avantages et la nécessité du mariage ; matière, comme vous voyez, d'une assez grande importance.

FLORICOUR.

Et qu'on ne saurait trop approfondir, pour l'avantage de la société, dont le mariage assure le bonheur. Et depuis quand votre cours est-il commencé ?

CHARLES.

D'hier ; nous le continuons ce matin,

pour pouvoir , pendant le dîner, le commenter tranquillement, ou du moins, comme doivent faire des amis à table, le verre à la main.

FLORICOUR.

C'est un double plaisir que vous m'offrez : j'accepte. Ainsi vous pouvez commencer votre discours.

CHARLES.

Nous traitons aujourd'hui du libertinage, qui, comme vous pensez bien, sera lui-même traité comme il le mérite. Je ne suis pas fâché que monsieur (*montrant Edouard*) , qui est célibataire volontaire , le mette en opposition avec le mariage dont je lui ai développé hier les avantages et l'utilité.

FLORICOUR.

Dites aussi la nécessité.

E D O U A R D, *à part.*

Il me paraît que je n'ai qu'à bien me tenir.

C H A R L E S.

Si je n'avais à traiter cette matiére qu'avec des saints, il ne me faudrait pas faire de grands frais de paroles, pour leur démontrer toute l'infamie de la débauche : je leur dirais simplement que rien n'est plus contraire à la pureté de leur état ; mais c'est à des pécheurs que je parle , et à de grands pécheurs ; à des pécheurs qui ont vécu dans des habitudes criminelles aux yeux de Dieu et des hommes.

E D O U A R D.

Votre zéle vous emporte, mon cher Charles : vous oubliez que monsieur est ici, qu'il est de vos amis , et que vous l'avez retenu à dîner. On ne prie pas les gens pour les battre.

CHARLES.

Je n'oublie rien, monsieur, et mon zèle n'est pas trop fort : à table, je vous traiterai en amis; ici, je suis dans la chaire de vérité, et je tiens un langage conforme à la place que j'occupe; je tonne, je vous en avertis.

FLORICOUR.

Tonnez, tonnez ; vous n'aurez pas mal à faire, avant d'opérer conversion.

CHARLES.

Il est certain que la luxure, je tranche le mot, offre des douceurs apparentes; que sous le nom spécieux de volupté, elle subjugue bien des cœurs : mais hélas! on ne s'y livre que pour se perdre; au fond de la coupe du nectar qu'elle vous présente, est un poison mortel. Marc-Antoine ne perdit-il pas un empire dans le sein de Cléopâtre ? David ne se souilla-t-il pas d'un double crime dans celui de Betzabée ? et Samson ne trouva-t-il pas l'ignominie et la mort dans les bras de Dalila?Quelque douceur que trouvent les libertins dans leurs débauches, il faut que tôt ou tard ils en deviennent les victimes (1).

FLORICOUR.

Et Salomon (2) ne nous dit-il pas que « les lèvres d'une femme impudique » distillent des rayons de miel, que son » parler est plus doux que l'huile, mais » que ce qu'ils produisent l'un et l'autre » est amer comme le fiel, et aigu comme » une épée à deux tranchans ».

ÉDOUARD.

Si vous le prenez par là, Lactance ne renchérit-il pas encore en ajoutant que « ce sont les sales voluptés qui perdent

(1) *Senec. Ep.* 24.
(2) *Prov.* 5. 3. 4.

» les âmes, qui les précipitent dans un
» gouffre de corruption, et y éteignent
» jusqu'à la moindre étincelle de pu-
» deur » ?

CHARLES.

Rien n'est plus vrai ; et l'expérience
le prouve tous les jours d'une manière
incontestable. Cependant nul moyen
pour en détourner les hommes. Ils semblent se plaire dans leur égarement.
C'est un penchant invincible auquel ils
ne savent pas résister, une mer orageuse
dans laquelle ils trouvent plaisir à s'abî-
mer.

FLORICOUR.

Parmi les nombreux esclaves de la
luxure, j'en distingue moi de trois espèces différentes : 1°. ceux que leur
propre inclination entraîne à ce vice,
et qui en font leur souverain bien ;
2°. ceux que l'habitude y retient, et que
la fatalité de leur tempérament subjugue

au point de les y enchaîner pour toute leur vie ; 3°. ceux enfin, qui, semblables à ceux de ces deux classes, traitent la luxure comme une pure affaire de galanterie, comme une mode reçue dans la société, qu'il serait ridicule à eux de ne pas suivre comme les autres.

CHARLES.

Malgré toute distinction faite et à faire, tous ces esclaves-là sont également dignes de la haine et du mépris des honnêtes gens.

EDOUARD.

Qui en doute ? Mais pourquoi sont-ce précisément ceux-là que toutes les femmes aiment ? Pourquoi le vertueux Richardson (1) donne-t-il à sa Clarisse

(1) Il honora sa profession d'imprimeur-libraire à Londres, par ses immortelles productions ; Clarisse, Paméla, Grandisson, etc. C'était un homme de génie plein de douceur et de sensibilité vraie. Sa Clarisse est un chef-d'œuvre.

l'amour le plus effréné pour un Lovelace? Pourquoi Sophie Western aime-t-elle avec tant d'obstination le franc libertin Tom-Jones? Pourquoi tous les hommes, jadis à bonnes fortunes, ont-ils toujours été ce qu'on a nommé *la coqueluche des femmes?*

CHARLES.

Dites des femmes sans tête, et peut-être sans cœur; malheureuses qui déshonorent elles, leurs époux et leurs enfans, souvent pour satisfaire à une mode extravagante autant que pernicieuse; qui se jettent dans le tourbillon, sans savoir jusqu'où il peut les entraîner, et qui se trouvent précipitées dans l'abîme, avant d'avoir seulement entrevu s'il existait un précipice dans le chemin où elles se sont follement engagées! Mais les femmes bien nées, bien élevées, dont des parens éclairés et vertueux ont formé le cœur et l'esprit, y regardent à deux fois, et ne se jettent pas ainsi à la tête des *jolis hommes* (1). D'ailleurs, monsieur, vous nous citez des héroïnes de romans.

EDOUARD.

Songez donc qu'au moment où nous

(1) Nous ne saurions assez observer combien il est important pour les jeunes personnes de savoir discerner ce qui est vraiment beau et honnête, de ce qui n'en a que l'apparence. Cette connaissance si utile leur procurerait des avantages infinis, surtout celui de les préserver d'une foule de préjugés auxquels nombre de femmes, d'ailleurs fort estimables, ne sont que trop sujettes. Tel est, par exemple, cet absurde enthousiasme qu'elles ont pour quelques tristes élégans qui, à la faveur d'une mise recherchée, d'un ton familier, leste ou présomptueux, leur persuadent qu'ils sont leurs admirateurs, et qui sont trop vains et trop suffisans pour pouvoir admirer autre chose qu'eux-mêmes. Il est certain qu'avec cet esprit de discernement dont nous venons de parler, elles en feraient justice, et qu'on les verrait donner la préférence au véritable mérite qui, le plus souvent, se cache sous la modestie dont il s'honore, et sous l'extérieur le plus simple, seule parure qui lui convienne.

parlons, il en est des milliers dans l'Empire français seulement, qui, sans être des héroïnes de romans, travaillent de tout leur cœur à le devenir.

CHARLES.

Système de libertin, supposition odieuse, calcul infâme, qui ne prouve rien, sinon que les hommes dépravés sont des monstres qui ne subjugent certaines femmes que pour en faire des victimes de leurs passions ou des complices de leurs déportemens, et souvent même de leurs crimes. Creusez cette idée de la subornation, et vous serez effrayé de ce que sa profondeur vous découvrira. Mais le zèle m'emporte, comme vous le disiez tout à l'heure. Je reviens à mon texte, qui était de vous parler des libertins de profession. Etes-vous curieux, par exemple, d'entendre le langage qu'ils tiennent ordinairement, pour justifier ou autoriser leurs désordres?

c'est vraiment du rare, du curieux, du merveilleux, du pathétique ! Vous allez être édifiés.....

FLORICOUR et EDOUARD,
ensemble.

Voyons, voyons !

CHARLES.

« Pour qui, si ce n'est pour l'homme,
» a été créée cette belle portion du genre
» humain, qu'on désigna si bien sous le
» nom de beau sexe ? Il est à la fois le
» charme de la vie, le dispensateur de
» la véritable volupté, l'ornement du
» monde. Eh quoi ! la beauté des mor-
» telles aura enchaîné les dieux mêmes ;
» ces dieux auront quitté le céleste
» séjour, pour descendre se délasser
» entre leurs bras, du pénible fardeau de
» la grandeur ; et il ne nous sera pas

permis

» permis à nous , à qui la nature les des-
» tina , d'en être les adorateurs assidus.
» On nous défendra de les aimer, de
» courir au devant de leur jouissance !
» Quoi ! ajoutent-ils , nous avons reçu
» du ciel des cœurs tout de flamme, des
» âmes de feu pour les leur consacrer,
» et l'on nous obligerait de les fuir
» comme la vipère ou l'aspic ? Nous res-
» sentons toutes les ardeurs d'une soif
» brûlante, et l'on nous défendrait de
» l'étancher ? Ah ! si ce penchant n'était
» pas légitime , la sage et bonne nature
» ne nous l'aurait pas donné (1) ; et s'il
» est doux, pourquoi hésiterions-nous à
» le satisfaire ? » C'est ainsi qu'ils abusent
du sens des paroles d'un fort honnête
philosophe pour étayer leur affreux systême.

« Et , ajoutent-ils, s'il est permis de
» prouver aux femmes qu'on les aime ,

(1) *Nihil censeamus esse malum quod sit a naturâ datum hominibus.* **Cic.**

» de leur faire de ces amoureux larcins
» que le grand Jupiter lui-même préféra
» si souvent à la gloire de son empire et
» aux douceurs de l'Olympe, ne serions-
» nous pas insensés, nous mortels, de nous
» en tenir toujours à la même, et de nous
» priver ainsi du plaisir du changement?
» Puisque rien ne pique plus l'appétit
» que la diversité des mets, nous serions
» biens fous de n'y pas toucher, quand
» ils nous sont présentés à une bonne
» table ! Se pourrait-il que l'homme,
» pour qui la nature a tout fait, eût
» moins de priviléges que les bêtes à qui
» elle a donné infiniment moins de la-
» titude pour la volupté? Et n'est-ce pas
» aussi à ce penchant irrésistible que
» l'on est redevable de l'établissement
» de la polygamie, du divorce, et de
» la communauté des femmes, comme
» elle se pratique dans diverses contrées
» du globe, etc. ? »

EDOUARD.

Tonnez, tonnez, monsieur : c'est ici le cas ou jamais.

CHARLES.

Oui, certes ! je tonnerai ; mais ils n'en deviendront pas plus sages les malheureux ! Aveugles insensés qui caressent leurs défauts comme des perfections, qui exaltent leurs vices, qui prennent le mal pour le bien, et le bien pour le mal ! Vils et méprisables esclaves de la volupté, ils s'en croient les tyrans : c'est le dernier degré de l'esclavage ; c'est le comble de la dégradation ; c'est le pire des états dans lequel l'homme puisse tomber. Tel est pourtant le terme de toutes les débauches, qu'elles abrutissent l'homme au point de lui faire aimer son avilissement. Ainsi la fable nous peint les compagnons d'Ulysse

changés en pourceaux par l'enchanteresse Circé , et ne voulant plus revenir
à leur état naturel.

FLORICOUR.

Soyez sûr que tout cela vient de ce
que la plupart des libertins ne prennent
pas garde que la nature , qui a lié notre
inclination à l'autre sexe , et qui, pour
la propagation de l'espèce humaine, nous
inspire pour lui de si vifs desirs , nous a
donné en même temps la raison pour les
régler, et nous faire discerner le bien du
mal. C'est qu'ils ne pensent pas aux sentimens de pudeur et de respect humain
qu'elle grava elle-même dans nos cœurs,
et que nous ne pouvons effacer sans cesser
d'être hommes; c'est qu'ils oublient la
première leçon que nous avons tous
reçue d'elle, tempérance et sobriété, et
que la principale fin de l'auteur des
choses, en créant l'homme à son image,

était de subordonner ses sens à l'empire de la raison ; c'est qu'ils ne sentent point que le plaisir de la vertu est encore plus grand que celui de la volupté (1): comme si le véritable bonheur auquel la raison nous fait tendre incessamment, ne consistait pas à pratiquer ce qui convient le mieux à la dignité comme à la perfection de notre être, et ne le rapprochait pas le plus de la divinité de qui nous le tenons.

CHARLES.

Et voilà précisément ce qui prononce leur condamnation. Les libertins du second ordre, quoique fort coupables sans doute, le sont infiniment moins. Si l'on doit les blâmer de s'être engagés dans des habitudes aussi méprisables, on peut du moins leur savoir quelque

(1) *Major est virtutis jucunditas quàm ista voluptas quæ percipitur ex libidine et cupiditate.* Cicer. *in Verrem. lib.* 1.

gré de ne s'y pas plaire, et de desirer d'en sortir. Celui qui a dit de l'habitude qu'elle est une seconde nature, a dit une chose très-raisonnable. « Rien n'est plus diffi- » cile à vaincre, a remarqué fort bien » un des Pères dont l'Église s'honore le » plus (1) ; on oublie avec peine ce » qu'on a long-temps étudié ; et une plaie » souvent renouvelée est longue à gué- » rir ». Après avoir reconnu lui-même la nécessité de réparer les désordres de sa conduite, et même en avoir long-temps gémi, combien le Père dont nous venons de parler, ne fut-il pas de temps à s'y déterminer ? Combien de peine à rompre les fers qui le retenaient esclave de ses sens ! Avec quel plaisir il les portait, tout pesans qu'ils lui paraissaient ! C'est ce qu'on voit par ses confessions, et ce qui lui fait dire ailleurs que, « quand on ne résiste pas d'abord à une

____

(1) *Saint-Augustin.*

» funeste habitude, elle devient une né-
» cessité cruelle. »

Tel est précisément l'état des libertins convertis à demi. Ils rougissent d'eux-mêmes ; persuadés qu'ils sont de l'indécence de leur conduite, ils font des projets, et même des vœux pour s'en affranchir : vains efforts ! leur penchant les décide et les entraîne. Toujours sous le charme de leurs passions, ils ne peuvent sortir de leur honteux esclavage. Si le poids de leurs chaînes est insupportable, ils ne laissent pas de les traîner encore avec plaisir.

FLORICOUR.

O état vraiment déplorable où l'homme qui n'a pas tout à fait perdu, avec ses mœurs, l'usage de la raison, est forcé de se dire à soi-même : « Je vois le *mieux,*
» et c'est le *pire* que je suis (1) ! Je vois

______

(1) *Video meliora proboque deteriora sequor*...... Sénèque le tragique.

» le péril, et ne le fuis pas ! — Je con-
» damne ce que fais, et je m'y livre ! —
» Je me repens toujours sans pouvoir
» jamais assez me repentir ! — Je ne
» goûte plus de joie pure, et qui ne soit
» empoisonnée de remords ! »

CHARLES.

Vous en trouverez d'autres qui s'excu-
seront sur leur tempérament. « Notre
» complexion, vous diront-ils, est telle,
» que le commerce des femmes nous est
» aussi nécessaire que l'air que nous res-
» pirons: dût-il nous en coûter un Em-
» pire ou la vie, il faut que nous sui-
» vions nos Cléopâtres; c'est une fatale
» influence à laquelle il nous est impos-
» sible de résister. Le tempérament
» l'emporte. »

FLORICOUR.

Il faut convenir aussi qu'il est des tempéramens si ardens , qu'il semble que la nature ne les ait donnés à certains hommes que pour les perdre, de même qu'on en voit de si coléres, que lorsqu'ils manquent l'occasion de s'emporter contre les autres, ils s'emportent contre eux-mêmes ; semblables à ce fou qui court, le bâton à la main, aprés son ombre, pour la battre de ce qu'elle est plus grande que lui. Il en est de si lascifs (pardon du mot), que rien ne peut éteindre le feu qui les dévore.

EDOUARD.

Vous voyez, messieurs, je vous écoute et vraiment je profite.

CHARLES.

J'en suis enchanté; quoique j'imagine bien que vous n'êtes pas tout à fait de la classe de ces sortes de gens. Au reste , devant le tribunal de la sagesse et de la

4 *

raison , l'habitude et le tempérament sont de très-misérables excuses. Elles conçoivent bien que l'homme puisse s'oublier, mais elles ne permettent point qu'il persiste dans son égarement. Elles accordent bien qu'il y ait, si l'on peut le dire, des natures rebelles à leur voix ; mais elles leur enseignent aussi qu'il n'est point d'animaux si féroces qu'on ne puisse dompter, ni d'homme ni sauvage qu'on ne puisse civiliser.

EDOUARD.

Que nous direz-vous donc, messieurs, de la troisième espéce des libertins? Car je crois que vous leur avez fait l'honneur de les diviser en trois classes.

CHARLES.

Oh ! ceux dont il reste à parler sont de la pire espéce: incrédules qui poussent l'impiété jusqu'au sacrilége, et dont le libertinage est une suite nécessaire de leurs affreux principes, ils sont tout à la fois la honte et l'horreur de l'humanité, et ne méritent pas la peine que nous prendrions de nous arrêter plus long-temps sur le tableau de leur ignominie. Passons à la conclusion de leur ennuyeux chapitre, et disons que, quand la religion ne prononcerait point anathème contre ceux qui se livrent avec une facilité coupable aux déréglemens de leurs passions quand elle ne nous exhorterait pas à fuir les mauvais exemples de la séduction; quand un poëte comique latin ne nous aurait pas dit que le relàchement des mœurs rend l'homme de plus en plus méprisable (1); il suffirait des simples lumières du bon sens pour convaincre les débauchés de l'aveuglement le plus honteux.

______

(1) *Nam deteriores omnes sumus licentiá.* Terent. Heauton. act. 3, scèn. 1.

En vain alléguerait-on la force de l'habitude. On leur demanderait si, transportés chez les Sévarambes, nous serions obligés d'adorer le soleil, et de suivre leurs usages et leur religion ; si, parce que les autres se déshonorent et se perdent, il faut que nous nous perdions, et que nous déshonorions ; si enfin l'exemple ou l'habitude du vice peut jamais être une autorité que la raison et le bon sens puissent reconnaître ? Et que répondraient-ils ?

EDOUARD.

Rien, pour deux raisons, dont la première est la plus forte : c'est qu'il n'y aurait rien à répondre.

CHARLES et FLORICOUR,
ensemble.

Et la seconde ?

EDOUARD, *tenant sa montre à la main.*

C'est qu'il est l'heure : dîner, et que vous pouvez remettre à tantôt ce que vous avez à nous dire de plus. Qu'en pensez-vous, messieurs ?

CHARLES et FLORICOUR, *souriant.*

Il a raison. (*Charles ajoute*) D'autant plus que cet article du libertinage et de la débauche n'a rien de bien réjouissant. Il était cependant nécessaire d'en parler, d'après le plan que je me suis tracé pour sujet de nos entretiens.

Fin du troisième Entretien.

QUATRIÈME ENTRETIEN.

*Sur les motifs qui peuvent raisonnable-
ment déterminer au Mariage.*

LES MÊMES.

CHARLES, *continuant vraisemblablement une conversation.*

......Il me semble qu'il devrait suffire
de représenter à un honnête homme
toutes les perfections du mariage, et de
leur opposer le tableau hideux de la débauche, les grands avantages de l'un
et les suites funestes de l'autre, pour lui
inspirer le desir de prendre une épouse ;
mais comme il est d'autres motifs non
moins puissans qui l'y peuvent déterminer, je crois devoir vous les exposer
comme faisant partie essentielle de notre
cours de morale conjugale.

FLORICOUR.

Je vous assure, pour mon compte, que vous me ferez grand plaisir.

EDOUARD.

Je vous en dis autant pour le mien.

CHARLES.

Vous pouvez inférer de tout ce que je vous ai dit, (*à Edouard*) surtout vous, monsieur , qui en avez entendu davantage, que le lien conjugal est l'antidote le plus puissant contre les excès honteux de la débauche ; et que le jugement le plus favorable qu'on puisse porter sur le célibat, même le plus austère, c'est qu'il est une vertu sans vertu qui ne fait ni bien ni mal.

FLORICOUR.

Oh ! je crois même que sans trop lui faire de tort, on pourrait dire, par cela seul qu'il est sans action, qu'il est un vice (1).

CHARLES.

Ce serait peut-être aller un peu loin, et outre-passer les bornes de notre sujet ; le célibat n'a donc eu parmi certains hommes, d'ailleurs tous fort estimables, que le nom de vertu sans en avoir la réalité ni l'effet.

(1) *Virtutis laus omnis*, dit Cicéron, *in actione consistit* ; « tout l'honneur de la vertu consiste dans l'action ».

Le poëte Silius Italicus a répété cette pensée dans ce vers :

« *Actio si desit, virtus est futile nomen* ».

« Une vertu sans action n'est qu'un vain mot. »

Et Horace a dit avec son élégance ordinaire :

« *Et genus, et virtus, nisi cum re, vilior alge est* ».

FLORICOUR.

C'est peut-être , si vous voulez, une simple qualité, le plus souvent fondée sur le tempérament ou la constitution de l'homme , ou, ce qui vaut moins encore, sur les maximes d'une prudence dont le mérite est bien peu de chose.

EDOUARD.

Eh mais , mon Dieu , messieurs ! qui ne sent pas d'après tout ce qui s'en est déjà dit, que le mariage est nécessaire, utile, etc. ! Qui nie que l'homme est né pour la société , et qu'il en soit de plus douce que celle d'une compagne ? Qui conteste enfin que c'est l'amour des sexes qui multiplie les espèces, et fait la conservation du monde ? Ce serait une absurdité dont personne ici n'est capable.

CHARLES.

C'est aussi, monsieur, ce dont l'on est fort loin de vouloir taxer ici personne ; je ne veux simplement qu'exposer avec fidélité les véritables motifs qui doivent engager l'homme à se marier. Comme homme, il est destiné à multiplier son espèce ; comm citoyen, à conser ver la république (1) ; comme fils , il doit des successeurs à sa famille ; de sorte que, pour remplir tous ces devoirs, et s'acquitter avec ses semblables des engagemens qu'il a pris en naissant au milieu d'eux , il est de toute nécessité qu'il se marie.

EDOUARD, *à part.*

Mon Dieu ! quel marieur de gens qui n'y pensent peut-être pas !

(1 On conçoit qu'ici placé , le mot république signifie la chose publique , et non pas le régime républicain, surtout tel que nous l'avons vu se déployer.

FLORICOUR.

Il est bien sûr que les aimables du jour ne manqueraient pas, s'ils vous entendaient, de répondre qu'on peut bien, pour accomplir ce vœu de la nature et de la société, se dispenser de s'engager dans les liens du mariage.

CHARLES.

Faux raisonnement qui tombe de lui-même devant celui-ci, « que dans tout » gouvernement bien policé, nul homme, » sous quelque prétexte que ce soit, ne » peut, hors de l'alliance conjugale, » qu'entretenir un commerce illicite » avec une femme ! » Principe qui me paraît rehausser encore davantage le prix de cette alliance.

Quoiqu'il en soit, de tout temps on a estimé comme grand et digne des louanges de la postérité celui qui s'expose pour le salut de sa patrie. Horace a dit dans ses vers : « Il est beau, il est glo-» rieux de mourir pour son pays (1) » ; mais je trouve, moi, ne lui en déplaise, qu'il ne l'est pas moins de vivre pour lui. Un père honnête et laborieux, qui donne à l'état cinq ou six enfans élevés dans la vertu, contribue aussi à sa splendeur et à sa conservation. C'est donc à cette belle destination du mariage que la voix de la nature et de son auteur appelle l'homme.

F L O R I C O U R.

Incontestablement, ces mots « crois-» sez et multipliez », ne signifient pas seulement, « augmentez votre espéce, » remplissez la terre d'habitans », ils signifient encore : « bâtissez - vous des » villes, formez des empires, élisez-vous

____

(1) *Dulce et decorum est pro patriâ mori.* Horat. Carm. Liv. 5.

» des chefs , des empereurs , des rois,
» des princes , des magistrats. Que les
» uns commandent, et que les autres
» obéissent. Soyez tous unis par les liens
» de la société et du commerce. Tra-
» vaillez tous d'accord à maintenir vos
» droits , à défendre votre territoire,
» à faire fleurir les sciences et les arts,
» si utiles à la gloire comme au main-
» tien d'un empire ; à fixer au milieu
» de vous la paix, l'union , la tranquil-
» lité , l'abondance. »

CHARLES.

Comment donc ! sans ces deux points
nécessaires, « croissez et multipliez »,
dont l'un est le préalable de l'autre, nul
ordre politique ne peut exister : les
hommes se diviseront, se détruiront, et
ne multiplieront pas ?

FLORICOUR.

Très-certainement ; et vous ne sauriez

séparer l'un de ces deux points de l'autre,
sans tout réduire au premier état du
chaos, sans opérer un bouleversement
général, sans renverser l'Univers, sans
priver le Créateur de la fin qu'il s'est
proposée, et l'homme lui-même de son
bonheur.

CHARLES.

Ainsi, comme je le disais il n'y a
qu'un instant, l'homme est dans la double obligation de multiplier son espèce
et de contribuer à l'accroissement des
soutiens de l'Empire. L'hommage le
plus solennel qu'il puisse rendre à son
Créateur, comme le premier service
qu'il doive à son prince et à sa patrie, c'est de leur donner de fidèles
et dignes sujets, et de sages citoyens qui
soient pénétrés de l'utilité dont ils doivent être à l'Etat.

EDOUARD.

Eh! n'est-ce pas cette considération,

bien digne d'être remarquée, qui a porté plusieurs peuples à honorer l'état du mariage, et même à récompenser magnifiquement la fécondité? Les Romains n'hésitèrent point à décerner les honneurs publics aux mères de sept ou huit enfans, à placer leurs statues au Capitole, et à leur assigner sur l'Etat une pension qui répondît à la gloire de l'Empire ? Qui ignore que Louis XIV lui - même n'a jugé rien de plus digne de sa libéralité que le mariage, etc.; qu'en cela il a souvent trouvé des imitateurs parmi d'autres souverains ?

FLORICOUR.

Qui ne sait aussi que l'union conjugale est le rempart le plus formidable d'un Etat, et qu'elle est l'unique pépinière de ses capitaines, de ses magistrats, de ses savans, de ses artistes, de ses ouvriers, de tous les sujets en un mot dont les emplois divers et la subordination qui les lie si étroitement les uns aux autres, assurent les fondemens et la durée des Etats et du monde.

E D O U A R D.

Il résulte de ce que nous disons, qu'autant un individu est intéressé à sa conservation, comme à celle de son pays, autant il est naturellement et civilement obligé de contracter les nœuds du mariage. Il ne faut pas être grand logicien pour tirer cette conséquence.

C H A R L E S, *à Edouard.*

Vous me charmez vraiment de si bien entrer dans le sens de la question. Je regarde, moi, le lien conjugal comme la sauve-garde d'un Empire. Si l'intérêt général doit y porter l'homme, à combien plus forte raison celui de sa famille

l'y

l'y doit-il engager! Bientôt elle serait anéantie, oubliée ; une seule génération la verrait commencer et finir. Le beau titre d'époux ne serait bientôt plus qu'un mot insignifiant ou effacé de la langue. Le noble desir de se perpétuer dans une longue postérité s'éteindrait dans les âmes, et avec lui l'amour du travail, de l'étude, des sciences, des arts et de l'industrie, que l'espoir seul de la paternité fait fleurir plus qu'on ne pense.

FLORICOUR.

Vous avez d'autant plus raison sur ce dernier point, comme sur les précédens, qu'on a souvent eu occasion de remarquer que de laborieux et honnêtes célibataires n'accumulaient de grandes richesses que pour les laisser à leurs neveux.

EDOUARD.

Ambition vraiment digne d'éloges,

puisqu'elle a pour but la subsistance de leur famille! Ce n'est point ainsi que procède l'égoïsme, fléau destructeur de toute société.

CHARLES.

Vous vous rappellerez sans doute à ce sujet, messieurs, que parmi les ordonnances politiques de Moïse, on en remarque deux qui méritent bien cette distinction. L'un est le retrait lignager; l'autre le mariage du beau - frère avec la belle-sœur, à l'effet de susciter aux aînés une postérité.

FLORICOUR.

Je me les rappelle d'autant mieux, que je remarquai en les lisant que, dans l'une et dans l'autre, le législateur n'avait eu en vue que la conservation des familles. Par la première, il en mettait les biens à couvert; par la seconde, il en perpétuait les individus. Mais le christianisme a rejeté ce second moyen, comme indigne de lui. Au reste, ce n'était pas seulement parce que les aînés étant les chefs de familles, il fallait que les enfans, pour l'ordre généalogique, fussent censés leur appartenir et en être issus ; c'était aussi pour consoler, en quelque sorte, ceux qui mouraient sans avoir d'enfans.

CHARLES.

Rien en effet n'était plus désagréable aux Juifs que la stérilité de leurs femmes. Ils la regardaient comme une sorte de malédiction ; comptant pour rien, s'ils étaient privés d'avoir des enfans, tous les autres avantages de la vie (1).

(1) On peut voir à ce sujet dans la Genèse les plaintes de Sara et de Rachel. Je sais fort bien que l'envoi du Messie, qui avait été promis à leurs premiers parens, pouvait être pour les Juifs un motif particulier de desirer

*

EDOUARD.

Les bons Israélites! Il faut convenir qu'ils entendaient bien l'art de perpétuer leur espéce : la famille de Jacob nous en fournit un exemple frappant. Nous lisons que lorsqu'elle descendit en Egypte, elle n'était composée que de soixante-dix individus, et que lorsqu'ils en sortirent, quatre cent trente ans aprés, ils étaient au nombre de six cent mille hommes de pied, sans compter les femmes

des enfans, dans l'espérance de le voir naître dans leur famille ; mais d'autres aussi pouvaient soupirer aprés des successeurs, dans la seule vue de contribuer à la subsistance de l'Etat et de leur famille, parce qu'ils regardaient les enfans comme la plus belle des propriétés ; témoins ces trois versets du Psalmiste (pseaume 127, versets 1, 2 et 3): « Les enfans, voyez- » vous, sont un héritage du Seigneur ! Le fruit des » entrailles de la femme est une récompense. Les fils » d'un père à la fleur de son âge sont comme les flèches » dans la main d'un puissant archer. Bienheureux celui » qui en a rempli son carquois ! ils ne rougiront point » de honte, quand ils seront en présence de l'ennemi. »

et les enfans, qui vraisemblablement montaient à deux ou trois fois davantage; ce qui prouve évidemment qu'ils savaient merveilleusement mettre en pratique le grand précepte : « Croissez et multipliez. »

Je crois, au reste, messieurs, qu'après tout ce que vous venez de dire, un célibataire déhonté n'a pas de meilleur parti à prendre que de s'aller pendre, ou de se marier. Pour nous, si nous faisons bien, nous penserons à nous retirer; car j'aperçois votre bon domestique Antoine, armé d'un flambeau, pour vous avertir de votre heure de vous coucher. Or, si vous m'en croyez, nous ne lui ferons pas perdre celle de son sommeil.

CHARLES.

J'aime les amis attentifs à ces sortes de soins. Nous allons donc profiter de l'avis. (*Ils sortent tous les trois.*) Je vous

ajourne tous les deux à demain ; nous aurons à traiter un chapitre de plus d'é-
tendue.

FLORICOUR et EDOUARD.

A demain donc. Bon soir et bonne
nuit.

*Fin du quatrième Entretien et de la
seconde Section.*

TROISIEME SECTION.

SOMMAIRE.

Cinquième Entretien. Questions : le mariage est-il utile et avantageux ? — Convient-il ou ne convient-il pas au bonheur de l'homme ? — Légions d'antagonistes, combat redoutable. — Cause importante. —Objections contre, et reproches faits aux femmes. — Qu'elles sont le caprice personnifié. — Médisans. — Esprit de contradiction, entêtement. — Amour de la domination, malice. — Dissimulation, vengeance, babil excessif. — Que les hommes ne sont pas meilleurs que les femmes. — Aristote récusé. — Hommes séducteurs et corrupteurs des femmes. — Plaintes des femmes sur le sort qu'elles éprouvent. — Abus tyrannique des maris, etc.

Sixième Entretien. Faux argumens des antagonistes, cercle vicieux de leurs raisonnemens. — Utilité des passions. — Distinction de l'âme et de la matière. — Union des sexes conforme à la dignité de l'homme. — Des célibataires et du célibat. — Des querelles domestiques. — De la mauvaise humeur des femmes. — Injustice des hommes à cet égard. — Tolérance mutuelle, nécessaire dans le mariage, etc.

CINQUIÈME ENTRETIEN.

Sur les mauvaises raisons qu'on allègue pour se dispenser du Mariage.

LES MÊMES.

CHARLES.

Vous êtes exacts à votre parole, messieurs; vous me trouverez fidèle à mes principes. Je vais engager aujourd'hui le combat peut-être le plus redoutable qui jamais ait été livré. Il s'agit toujours du mariage; il s'agit d'examiner s'il est utile et avantageux, s'il convient ou s'il ne convient pas au bonheur de l'homme.

FLORICOUR.

Question toujours infiniment importante, puisqu'il n'y va pas moins que

de décider du sort de tout le genre humain !

C H A R L E S.

Aussi je m'attends à ne pas plaire à
tous le monde. J'ai contre moi une li-
gue formidable. L'aversion que la plupart a conçue pour le mariage est telle,
que les ligueurs ne peuvent souffrir qu'on
en dise du bien, ni s'empêcher d'en dire
tout le mal imaginable. Jamais combat
ne fut plus inégal : je suis seul contre
mille. Le monde fourmille d'antagonistes
de ce lien sacré.

F L O R I C O U R.

Vous ne devez pas en être très-effrayé.
Quelles sont leurs armes? celles de la
passion; et vous avez celles de la raison.

E D O U A R D.

Pour moi, messieurs, vous le savez

5*

bien ; je suis, comme dit le proverbe, du bois dont on fait les flèches.

CHARLES, *à Edouard*.

Oh! vos armes à vous autres, messieurs, sont d'autant plus dangereuses , qu'elles sont encore fortifiées par les adoucissemens et les couleurs que vous savez donner aux choses.... Lorsqu'on pense à vos allégations des douceurs de la liberté, des soins et des embarras du nœud conjugal, au tableau que vous savez si bien faire de tous ces mauvais ménages qui désolent la société, je vous assure qu'on tremble devant vos légions.... Et puis le mariage, selon vous, est de si mauvais ton, que peu d'auteurs transcendans s'en sont occupés d'une manière satisfaisante. Erasme et quelques autres, qui en ont voulu traiter, n'ont fait qu'effleurer la matière; de sorte qu'ils ne peuvent m'être d'aucun secours, et que je suis obligé de tirer de mon propre fonds tout ce que j'aurai à vous dire. Je me défie donc plus que vous ne pensez de mes forces, et je crains vraiment d'entrer en lice.

E D O U A R D , *avec une demi-ironie.*

Comment! vous qui aviez l'air si rassuré dès le commencement de la carrière, vous tremblez au milieu ? Je ne reconnais pas là le grand Charles, qui devait confondre tous les raisonnemens. Songez donc que ce n'est pas pour l'intérêt d'un homme, d'une famille, d'une province, d'une nation que vous combattez ; mais pour l'intérêt de tous les hommes, de toutes les familles, de toutes les nations, et qu'une si belle cause n'est pas de petite conséquence : songez que si vous avez des inspirations secrètes à attendre, c'est dans une telle entreprise ; qu'il y va même de la gloire du ciel de favoriser votre généreux dessein. Vous voyez que je me déploie, et vous encourage d'une manière qui n'est pas équivoque.

C H A R L E S.

J'y suis sensible comme je le dois. Pour répondre à tant de bonté, je commencerai par réduire à trois points principaux les objections qu'on fait ordinairement aux propositions que j'ai établies. Je commencerai par les reproches qu'on adresse aux femmes sur leur conduite et leurs caprices, dont on ne manque jamais de faire la critique la plus amère. Je passerai ensuite à ce qu'on dit du mariage : « Qu'en soi il est vraiment indigne de » l'homme, et nullement convenable à » la dignité de son être. » Troisièmement enfin, à ceux qui parlent de ses suites et de ses obligations comme d'un joug insupportable.

FLORICOUR.

Moi, je crois que vos adversaires n'ont qu'à bien se tenir; que leur cause est la plus déplorable possible, et qu'il y a chez eux injustice et fureur à vouloir la soutenir.

CHARLES.

Je crois, comme vous, qu'il y a bien l'une et l'autre. Je dis donc, pour commencer ma thèse, que les hommes s'appuient des observations qu'ils font sur les femmes, pour se dégoûter du mariage; qu'ils y ajoutent tout ce qu'il peut y avoir de malhonnête et de désobligeant; qu'ils mêlent l'injure à la calomnie, le sarcasme à l'impertinence, et le mensonge à l'outrage : à les en croire, il n'y aurait pas un vice en morale qu'on ne pût attribuer aux femmes; pas un malheur dont elles ne fussent le principe ou la fin.

FLORICOUR.

Ecoutez ces messieurs : l'inconstance est un des principaux traits de leur caractére ; leur tête se ressent toujours de la légéreté de leurs pieds ; elles changent d'âmes, pour ainsi dire, à tous momens ; elles haïssent aujourd'hui ce qu'elles chérissaient hier ; c'est le caprice personnifié. La moindre chose qui leur passe par la tête , leur fait oublier leurs promesses et violer leur foi avec une aisance rare et particulière. Le moment où vous vous croyez le mieux du monde avec elles, est celui de votre congé. Si vous avez soupiré plusieurs années pour la conquête de leur cœur, un seul instant vous le fait perdre. Eh ! combien de tristes exemples n'ont-ils pas à vous produire de l'inconstance des femmes ! Ouvrez les romans , les tragédies, les comédies, car voilà les principales sources où ils puisent, vous

n'y trouverez que cela. Comment donc ;
selon eux, est-il possible de se fier aux
femmes?

EDOUARD.

Les médisans viennent ensuite, qui
vous disent : qu'elles naissent avec l'esprit de contradiction ; qu'elles ne sont
bonnes qu'à rendre leurs maris les plus
malheureux des hommes ; qu'éternellement opposées à leur sentiment, s'ils
veulent blanc, elles veulent noir ; que
n'ayant aucunes idées fixes, elles contre-
disent toujours, et que si l'on veut avoir
la paix, le plus court est de leur donner raison. Ont-elles tort ou non dans
ce qu'elles disent ou soutiennent (ce sont
toujours les médisans qui parlent)? c'est
ce que jamais elle ne souffriront que
vous examiniez. Souvent elles auraient
par là gain légitime de cause ; mais non ;
elles préfèrent de l'emporter par la force,
ou plutôt par leur faiblesse. Rien de si

opiniâtre et de si difficile à vaincre que leur entêtement. Ce n'est pas tout, ajoutent-ils complaisamment : elles veulent dominer, être les maîtresses ; il faut que les hommes leur cèdent ; il faut qu'ils se dépouillent de leur autorité, qu'ils renoncent au droit de se faire obéir, que la loi et la nature leur ont donné : si non point de repos, point d'union, point de concorde ; mais trouble perpétuel, guerre interminable. Quel plus triste sort que celui d'un si dur esclavage ? Un ancien, nommé Pittacus, disait d'assez bonne grâce que : « chacun a son défaut, mais » que la tête de sa femme était le sien. » Combien de maris pourraient dire la même chose, et font inutilement ce souhait de l'auteur latin :

« *Sit nox cum somno : sit sine lite dies* (1) ».

Les infortunés ! non-seulement ils sont contredits tant que la journée est lon-

***

(1) Ce qui signifie : « *Point de disputes le jour et* » *bien dormir la nuit* ». *Mart. Epig.* 90 , *lib.* 2.

gue , mais on ne les laisse même souvent pas goûter le repos de la nuit. Quel
supplice peut-on comparer à celui-là ? Je
vous prie toujours d'observer que ce sont
les médisans qui ont parlé , et que je ne
suis que leur écho.

FLORICOUR, *malignement.*

C'est de quoi nous sommes bien persuadés, monsieur et moi. — Ces âmes
charitables n'ajoutent-elles pas encore aux
mauvaises qualités qu'elles supposent au
sexe, la malice , la dissimulation , le désir de la vengence , et cette intempérance de la langue , qui lui fait souvent
dire ce qu'il sait et ce qu'il ne sait pas?
Pour la malice , il est à présumer qu'elles
en supposent aux femmes beaucoup plus
qu'elles n'en ont, car elles vont jusqu'à citer ce qu'en dit un Père de l'Eglise : «*Mu-*
» *lier antiqua malitia* (1) ,» et Salomon ,

______

(1) Ce qui s'explique ainsi : « *La femme est une*
» *vieille malice* ».

qui prétend, dans son Ecclésiaste (1),
« sur mille hommes n'en avoir trouvé
» qu'un bon, mais jamais une bonne
» femme ». Vient ensuite un de leurs par-
tisans, dont le nom m'échappe, lequel
ajoute : « Qu'il faut appeler petite toute
» autre malice au prix de celle de la
» femme ». Puis enfin arrive Socrate,
qui dit avec autant de simplicité que de
raison : « Que la grammaire, la pau-
» vreté et une méchante femme sont les
» trois plus grands maux qui puissent
» affliger un honnête homme ». Vous
conviendrez que voilà des adversaires
d'un certain poids.

CHARLES.

Tout cela n'est rien encore, auprés
des autres reproches que leurs antagonistes leur font. Quant à la dissimulation,

(¹) *Eules.* 24—25.

disent-ils, est-il aucun homme qui les surpasse dans l'art de feindre? Le fond de leur cœur est un abîme où nous vous défions de pénétrer. Au moment où elles jurent de vous aimer, elles n'ont pour vous que haine et mépris, lors même que, pour mieux vous convaincre de leur attachement, elles versent des larmes de dépit de vous en voir douter. Ce qu'elles voudraient déjà vous avoir accordé, dit Ovide (1), elles vous le refusent avec fierté. Loin d'aimer à pardonner, elles se font un jeu cruel de la vengeance. Malheur à celui qui, dans la fougue de leur emportement, leur tombe sous la main! On serait tenté de croire que ce sont elles que les poëtes ont prétendu nous signaler dans les Furies, les Méduses et les Médées de leurs fables....

(1) *Quod rogat illa timel : quod non rogat optat. De arte amandi. lib.* 1.

FLORICOUR.

« Et c'est sur de pareilles autorités que se fondent la plupart de nos jeunes étourneaux, pour se dispenser du mariage!... Car, prenez bien garde que tout ce que nous venons ici de rapporter contre les femmes, n'est que pur badinage, simple jeu de l'esprit des auteurs.

CHARLES.

C'est parce que nous en sommes per-persuadés, que nous nous sommes permis tout ce que nous venons de citer contre les femmes, aux pieds desquelles, si vous m'en croyez, nous en ferons amende honorable. Vous pensez bien que ce n'a pas été sans me faire une extrême violence que j'en ai tant dit et entendu dire. Autant j'aime à dire et à penser du bien de leur sexe, autant je souffre d'en entendre mal parler. Qu'elles ne se fâchent donc pas contre nous de la liberté que nous avons prise de citer.

FLORICOUR.

Non, car c'est à leur avantage qu'elle tournera. Le desir qui nous anime, vous et moi, de protéger leur innocence persécutée, nous y engage indispensablement. D'ailleurs, il fallait bien, pour les justifier, présenter les chefs d'accusation que les mécontens de tous les siècles ont intentés contrè elles. (*Edouard rit.*)

CHARLES.

Peut - on savoir quel sujet fait rire monsieur?

ÉDOUARD.

Je ris de ce que vous mettez dans tout

cela un sérieux et une importance qui n'y sont point du tout, ou qui plutôt n'y doivent pas être.

CHARLES.

C'est - à - dire que vous voudriez que nous ne fissions qu'effleurer la matière ; mais vous n'aurez pas ce plaisir : nous l'approfondirons, au moins du mieux qu'il nous sera possible. Voyez d'abord si messieurs les mécontens sont bien fondés, ou plutôt voyons (car quel être de bonne foi ne le verrait pas) combien leur cause est déplorable. Il n'en est pas un seul qui, au tribunal d'une justice désintéressée, ne doive être condamné aux plus éclatantes réparations envers un sexe digne de tous les hommages et de tout le respect des personnes qui pensent bien.

On peut d'abord justifier les femmes

par la voie de la récrimination. Je suppose qu'elles aient les défauts qu'on leur impute ; les hommes n'en ont-ils pas ? Si elles sont coupables, sont-ils innocens ? Si elles ont de mauvaises qualités, n'en ont-ils que de bonnes ?

EDOUARD.

Je vous arrête ici, monsieur. Il n'est pas dans vos principes d'abandonner le parti de votre sexe. Vous savez mieux que moi que, dans l'ordre de la nature, il a sur l'autre des prérogatives assez considérables. « *Masculinum genus*, dit le » père des philosophes (1), *naturaliter* » *dignius est fœminino* (2). »

FLORICOUR.

Soyons justes, monsieur ; vous nous

______

(1) *Aristot. Polit.* 3.
(2) Cela signifie en français que « le genre masculin est plus noble que le féminin ».

citez le précepteur d'Alexandre, d'un conquérant effréné qui ravagea le monde. Convenez que, relativement à la matière qui se traite ici, les exploits du disciple n'inspirent pas un préjugé assez favorable de la philosophie du maître, pour que le passage latin que vous venez de nous déclamer puisse être d'une grande autorité dans cette discussion.

EDOUARD.

Je suis assez de votre avis, si vous voulez que je vous le dise; et je vous avouerai même que je n'ai cité ce passage que pour vous le livrer pour ce qu'il vaut.

CHARLES.

Au reste, messieurs, on ne saurait être tant soit peu juste, sans convenir que tous ces priviléges de notre sexe se rapportent plus particuliérement à l'étude et aux connaissances. J'avoue que les femmes ne se piquent pas de nous surpasser en cela; et que celles en qui la raison l'emporte sur les prétentions, conviennent de bonne foi qu'elles sont destinées à toute autre chose. Quoiqu'il en soit, ce n'est pas tout à fait dans les sciences humaines que consiste la perfection essentielle de la créature raisonnable; et un de nos philosophes modernes n'a pas été trop victorieusement combattu, quand il a essayé de nous prouver que souvent elles sont plus nuisibles qu'utiles au bouheur de l'homme (1).

FLORICOUR.

Il est donc vrai que ce qui distingue l'homme de la femme n'est pas ce qu'il

______

(1) *J. J. Rousseau.* Tertullien a poussé bien plus loin le paradoxe, quand il a dit : « *Scire nihil, est omnia scire;* ne savoir rien, c'est tout savoir. »

a de plus important, mais ce qu'il a de commun avec elle, c'est à-dire les vertus et les vices, qui sont de tous les genres, de tous les sexes et de toutes les conditions. Or il est constant que l'homme n'a pas plus des unes, et n'a pas moins des autres que la femme.

CHARLES.

Vous n'allez pas assez loin : dites donc qu'il a moins de vertus et plus d'imperfections.

FLORICOUR.

Comment cela ? Je croyais la balance plus égale.

EDOUARD.

Et moi de même.

CHARLES.

J'espère vous le démontrer. Premiérement, comme l'être le plus noble et le plus éclairé, l'homme est incomparablement plus blâmable d'être vicieux que la femme; le vice a même quelque chose de plus honteux en lui; car cette maxime n'est pas fausse que « plus on est illus-» tre, plus on est coupable de faillir ». D'ailleurs, qui séduit, qui corrompt le cœur des femmes; qui les entraîne d'erreurs en erreurs, d'égaremens en égaremens, de désordres en désordres, si ce n'est nous? Et si leur aimable enjoûment, don précieux que leur a fait la nature, s'altère ou se change quelquefois en humeur, n'est-ce pas à la tyrannie, au mépris que certains hommes ne rougissent pas d'exercer envers elles, disons mieux, au honteux et grossier libertinage de ceux-ci, qu'il faut s'en prendre? Et si quelquefois elles se portent à des excès vicieux, qui leur en donne l'exemple?

EDOUARD.

Les hommes, sans doute. On sait de reste qu'elles ne sont pas insensibles aux traits de l'amour, que la tendresse naturelle de leur cœur, la douceur de leurs inclinations sédentaires ou actives, la vivacité de leur sang, la mobilité de leurs organes, leur sont à cet égard souvent funestes. Persécuteurs assidus et continuels de leur vertu, les hommes les font succomber; elles succombent: faut-il tant s'en étonner?

CHARLES.

Non, vraiment! Ce serait à nous la plus criante des injustices. Non, n'en doutons point, il n'est pas de vérité plus constante que la plupart des femmes ou dissipées, ou dérangées, ou indociles à la voix de la raison, ne le sont que par

l'exemple ou la corruption des hommes.
On ne saurait trop le répéter, si l'on
laissait suivre aux femmes la pente que
la nature leur a donnée, et si leurs charmes excitaient moins vivement les passions des hommes, je me persuade
qu'elles ne se détourneraient jamais du
droit chemin de la vertu.

FLORICOUR.

Je conviens que, si elles nous trou-
vaient autant d'attraits que nous leur en
trouvons, elles pourraient bien y être
aussi sensibles que nous le sommes pour
elles; mais hélas! elles ne les y voient
point; ou bien, si elles les y voient, il
faut leur accorder plus de force qu'à
nous, pour ne pas succomber.

EDOUARD.

Moi, je crois, à vous parler vrai, qu'elles

sont assez indifférentes du côté de l'amour; que leur grand faible n'est pas d'aimer, mais de souhaiter qu'on les aime, et de s'étudier à paraître aimables, pour faire beaucoup de conquêtes : ce qui veut dire en bon français qu'elles sont plus coquettes que tendres.

CHARLES.

Je vous attendais à l'épigramme. J'avoue cependant que ceux qui savent se prévaloir de cette faiblesse du sexe, peuvent triompher à la fin de sa résistance. Mais quoi !. lui ferons - nous toujours un crime de l'ouvrage même des hommes ? Pourquoi emploient - ils tant de stratagêmes pour le vaincre, tant de moyens de séduction, de corruption ? Que ne le laissent-ils dans sa simplicité, dans son innocence ? Et pourquoi tant d'efforts pour la défaite d'un sexe si timide, si doux, que sa faiblesse même devrait mettre à l'abri de nos persécutions? N'avez-vous pas bonne grâce après cela, messieurs, d'accuser ses bontés, sa confiance en vous, qui le rendez coupable de ce que vous lui reprochez (1)? Qui des femmes ou de vous, en cela, manque à l'honneur?

(1) On ne saurait trop leur dire, à ces messieurs, que ne louant presque jamais les jeunes personnes que sur leurs avantages extérieurs, ils sont le plus souvent la première cause de leur négligence à cultiver les qualités du cœur et de l'esprit. On les prie donc de considérer combien il est naturel qu'à un âge où elles n'ont encore d'autre expérience que celle des hommages des hommes, elles regardent comme digne d'éloge et d'admiration ce que ceux-ci ne cessent d'admirer et de louer, souvent avec une exagération dont la maladresse devrait cependant les éclairer, soit sur les motifs, soit sur l'entousiasme qu'ils affectent. Comme leur hommage ne s'adresse qu'aux seuls charmes, il est tout simple qu'elles mettent tous leurs soins à les conserver, même à les faire valoir, et que de là elles soient, pour ainsi dire, leurs propres idoles ; ne comptant plus presque pour rien alors toutes les qualités morales, puisque les hommes paraissent y faire si peu d'attention. C'est donc bien mal à propos qu'ils imputent à leur mauvaise éducation ou à la petitesse de leur esprit les défauts qui les frap-

EDOUARD.

Nul doute que ce sont leurs accusateurs. Mais quelle sorte de gens sont ce

pent en elles. Ils devraient bien plutôt se les imputer à eux-mêmes, puisque ce sont réellement eux qui les font naître, ou qui du moins les entretiennent en elles. On dira aux hommes : « Que ne les réformez-vous, ces
» défauts, en réservant votre encens pour le mérite so-
» lide et véritable ? Vous exciterez par là les jeunes
» personnes à devenir ce que vous voulez qu'elles soient,
» lorsque vous rechercherez leur main ; à acquérir par
» conséquent ces qualités si desirables qui font naître
» l'amour vertueux, attirent le respect et font durer
» l'un et l'autre ? Ne serait-il pas mille fois plus avan-
» tageux, plus honorable pour vous, au lieu de cher-
» cher à leur gâter l'esprit, à corrompre l'innocence de
» leur cœur, de corriger les fautes de leur inexpérience
» et de leur amour-propre, de tourner leurs goûts vers
» la délicatesse et l'honnêteté, la pudeur et la modes-
» tie (parures essentielles de leur âge et de leur sexe),
» l'instruction et la prudence, toutes qualités que vous
» recherchez avec tant d'empressement dans celles que
» vous choisissez pour compagnes, et auxquelles vous ne
» pouvez refuser votre admiration, toutes les fois que
» vous les rencontrez dans les autres femmes ? Bientôt,
» messieurs, vous les auriez convaincues, comme vous

aussi ? Des brutaux, des grossiers, qui
n'ont aucun principe de morale ; sans

» l'êtes vous-mêmes, que tous les avantages de la figure
» et de l'extérieur ne sont rien, s'ils ne sont soutenus
» par les qualités morales.

» Alors les jeunes personnes vous regarderaient, et à
» juste titre, comme les amis, les protecteurs de leur
» sexe ; et cette double qualité vaudrait bien celle de
» courtisans doucereux, d'amans inconstans et de sé-
» ducteurs agréables. En effet, il ne faut pas des talens
» bien supérieurs pour savoir flatter une jeune étourdie
» sur le charme qu'imprime sa beauté, sur l'agrément
» factice de sa folle humeur, sur la tendresse et la bonté
» de son cœur ; pour savoir lui dire qu'elle est jolie,
» faite à peindre, adorable ; ces belles et riches épi-
» thètes ne coûtent aucuns frais d'esprit ; pour savoir
» l'engager à se maintenir dans cet heureux partage de
» la nature, et l'y porter de manière que son amour-
» propre, loin d'avoir à rougir de vos leçons, se trouve
» lui-même intéressé à la reconnaissance : voilà, certes ! le
» vrai triomphe, celui qui seul est digne de vous.

» Ne croyez cependant pas, messieurs, qu'on prétende
» ici vous interdire toute espèce de complimens pour
» le sexe : l'agrément de la société, d'accord avec l'har-
» monie qui constitue la bonne, en demande ; sans-doute
» nous desirons qu'en le félicitant de ses avantages, vous
» bannissiez toute exagération, toute louange ou ridi-
» cule ou fade ; qu'en louant ce qui n'est qu'agréable,

jugement souvent, comme sans probité.

FLORICOUR.

Monsieur vient de les réduire à leur
juste valeur.

CHARLES.

J'en dis autant de l'humeur qu'on reproche si souvent aux femmes. S'il s'en
trouve quelques unes qui ne l'aient pas
très-commode, et qui soient d'un commerce difficile, je crois pouvoir, et
même devoir en attribuer la cause aux
maris. Comment, ne se rendront-ils jamais justice à ce sujet ? Pensent-ils sérieusement que tout leur soit dû ; et qu'en

» vous y mettiez de la prudence et du discernement ;
» que par des conseils sages, utiles et amenés à propos,
» vous tempériez en quelque sorte la dangereuse douceur
» de la louange. C'est ainsi que vous vous montrerez
» les sincères et véritables amis d'un sexe fait pour être
» aimé, et que vous vous assurerez des droits à sa re-
» connaissance et à son attachement. »

faisant tout ce qu'ils peuvent pour cha-
griner leurs femmes de mille manières,
elles ne doivent songer qu'à leur procurer
toute sorte de satisfaction ? Combien
n'en est-il pas, même encore dans notre
France, le séjour si vanté de la politesse
et de la galanterie raffinée, qui ne les regardent que comme des esclaves nés de
leurs volontés arbitraires, ou plutôt de
leurs caprices rendus encore plus extra-
vagans par les folles passions qui les
agitent ?

ÉDOUARD.

Seriez-vous curieux d'entendre les
plaintes qu'un ancien poëte comique met
dans leur bouche, sur le sort malheureux que beaucoup d'entr'elles éprouvent en ménage ? Ecoutez. « Ne faut-il
» pas convenir, leur fait-il dire, que
» nous sommes les plus infortunées
» créatures du monde ? Après avoir
» acheté bien chèrement un mari, il faut

» encore qu'il soit le maître absolu de
» notre corps et de nos biens; il faut
» qu'avec sa personne nous épousions
» toutes ses fantaisies, que nous nous fas-
» sions à son humeur; qu'enfin, ployant
» sous sa volonté, nous subissions le
» joug qu'il lui plaît de nous imposer.
» Ce qu'il se permet, il nous le défend;
» et fait avec impunité ce que nous n'ose-
» rions faire sans nous dégrader. S'il ne
» se trouve pas content de nous, il a
» toute liberté de nous quitter, tandis
» que quelque mal que nous nous trou-
» vions avec lui, les demandes en di-
» vorce que nous formons sont toujours
» mal vues du public, et souvent nous
» déshonorent Les affaires de la maison
» ne vont-elles pas bien au gré du mari,
» il en est quitte pour aller se consoler
» ailleurs. Il se promène, se dissipe,
» tandis que, seules avec nos chagrins,
» nous les d é ons sans nous plaindre,
» et que ce n'est qu'en nous-mêmes que

» nous pouvons y chercher quelque
» adoucissement. A l'égard du bien que
» nous faisons, l'on se garde bien de nous
» en tenir jamais aucun compte ; et si
» quelque malheur arrive dans la fa-
» mille, toute la faute en retombe sur
» nous ; nous en avons tous les reproches.
» Qui ne sait combien nous souffrons
» pour mettre des enfans au monde, les
» soins et les peines que nous nous don-
» nons pour les élever, pour régler
» toutes les affaires domestiques ? Ce-
» pendant nos maris se donnent, comme
» on dit, du bon temps, et ne pensent
» le plus souvent qu'à se réjouir, sans
» s'embarrasser seulement si nous exis-
» tons. Combien surtout notre condition
» est déplorable, lorsque de faux soupçons
» sur notre conduite éveillent leur ja-
» lousie, ou que leurs déréglemens trop
» marqués éveillent la nôtre ! Nous au-
» rions la beauté, la bonté des anges,
» qu'ils se lasseraient encore de nous :

» heureuses quand ils ne nous quittent
» pas pour de moins belles ! Leur pre-
» mière ardeur éteinte dans la posses-
» sion paisible de nos charmes, ils se
» rient de nous et de leurs ser-
» mens, etc. »

Oh ! que cette lamentation traduite littéralement est juste et fondée ; et que Plaute a bien grande raison de s'écrier « qu'il n'est rien au monde de si mal- » heureux que le sort de la femme (1) ».

CHARLES.

Ai-je donc tort, à votre avis, d'accu- ser les hommes d'injustice et d'ingrati- tude, lorsque je les entends se plaindre avec tant d'amertume de la mauvaise humeur de leurs femmes, et leur impu-

(1) *Miserius nihil est quam mulier.* **Plaut. in Bac-** *chio, act. 1, sc. 1.*

ter toutes les disgrâces de leur mariage ? Indépendamment de ce que la faiblesse de leur sexe, et les égards qu'on lui doit réclament pour elles tous les nôtres, je pose en fait que ce sont plutôt les hommes que les femmes qui sont les auteurs de tous les mauvais ménages. En général, les femmes y ont infiniment plus de peines, et beaucoup moins de plaisirs que leurs maris.

FLORICOUR.

Supposons même qu'à cet égard la balance soit égale entre eux, et que les soins intérieurs, qui sont le partage des femmes ne l'emportent pas sur les grands soins des hommes, qui peut ignorer comment en usent la plupart des époux ? Ne se croient-ils pas tout permis, quand rien ne l'est à leurs femmes? Ne s'imaginent-ils pas qu'avec le droit de commander dans le petit état de leur famille,

la nature leur a aussi conféré le droit d'y
faire la paix ou la guerre, quand il leur
plaît ? Ne sont-ils pas intimement persuadés que leur suprématie les dispense de
rendre à leurs épouses aucun compte de
leurs actions, qu'ils peuvent impuné-
ment compromettre leurs droits, leur
fortune, et même leur repos ? Ne se flat-
tent-ils pas d'avoir seuls la pleine et en-
tiére liberté de vendre, d'engager, de
dépenser et de prodiguer, soit pour des
entreprises souvent folles et désastreu-
ses, soit pour leurs plaisirs, tous les
biens de la communauté, etc., etc. ?

EDOUARD.

Non seulement ils pensent tout cela,
mais ils l'exécutent. Et Dieu sait combien
de femmes et d'enfans sont réduits à l'au-
mône par leur inconduite et leurs mauvais
calculs !

CHARLES.

Je demande après cela comment on peut trouver mauvais que la patience échappe quelquefois à des épouses mères ainsi traitées ?

Mais ce n'est pas tout. Je puis encore justifier les femmes par la voie de la récusation. Qui les condamne ? Les hommes, c'est-à-dire leurs parties ; par conséquent juges très- suspects, et qu'elles ont tout droit de récuser, comme trop intéressés au procès, pour qu'on puisse s'en rapporter à leur décision. Prévenus comme ils sont contre le sexe, comment pourraient ils le juger sans passion ? Pourquoi donc les en croirait-on dans une cause où leur intérêt a tant de part ?

FLORICOUR.

Ajoutez que, si les femmes étaient

aussi versées que nous dans l'art de la poésie et de la déclamation oratoire, en les supposant capables de révéler tous les défauts que l'expérience peut leur avoir appris, nous entendrions de beaux vers et de beaux discours à la louange des hommes; car enfin, pour en venir au fond de l'affaire, ne peuvent-elles pas facilement rétorquer contre eux tous les faux argumens qu'ils se permettent contre elles? Cet esprit d'inconstance, de légèreté, d'infidélité, de dissimulation, de contradiction, d'emportement, etc., dont nous nous permettons de les accuser, ne convient-il pas de même parfaitement aux hommes?

EDOUARD.

Ainsi tout bien examiné de sang froid, tout pesé à la balance de la justice, on sera forcé de convenir que les hommes sont infiniment plus entichés de vices que les femmes, et qu'il est fort peu d'hommes à qui l'on ne puisse dire avec Martial : « Ce sont des maux, sans doute ; » mais vous ne faites pas mieux (1) ».

CHARLES.

Et un des Pères de l'Eglise (pourquoi ne les citerais-je pas ?) n'a-t-il pas textuellement dit que « de tous les maux, » l'homme lui-même est le pire (2) ? »

EDOUARD.

Disons les choses comme elles sont : la dépravation aujourd'hui est à son comble dans les deux sexes.

FLORICOUR.

Cela n'est que trop vrai ; mais encore

(1) *Hæc mala sunt ; sed tu non meliora facis.* Mart. Epig. lib. 2, ep. 8.

(2) *Præ omnibus malis homo est pessimum malum.* Saint-Chrysostôme.

une fois, quel est le premier *dépravateur?*
Toujours l'homme.

CHARLES.

Donnez-vous bien de garde de croire, messieurs, que les adversaires des femmes soient mieux fondés dans la seconde partie de leur critique. Ils ne raisonnent pas mieux dans l'une que dans l'autre. Vous avez vu combien sont faibles les objections qu'ils ont faites contre les femmes : vous remarquerez la même faiblesse dans celles qu'ils font contre le mariage. La différence qu'il y aura de cette partie à l'autre, c'est qu'elle sera aussi courte que celle-ci peut vous avoir paru longue. Ainsi nous remettrons, si vous le voulez bien, cette seconde partie à cet après-dîner.

EDOUARD.

C'est-à-dire que nous dînons encore

chez vous, et que pour ma part, je serai obligé de vous payer pension.

CHARLES, *souriant.*

Comme vous voudrez, messieurs.

SIXIÈME ENTRETIEN.

Suite du précédent : l'état du Mariage apprécié, etc.

LES MÊMES.

CHARLES.

Je pourrais, je crois, messieurs, me dispenser de répéter ici les paroles des antagonistes du lien conjugal, quand ils viennent nous dire que « le mariage est » peu digne de l'homme; qu'il le ravale » en quelque sorte à la condition de la » brute; qu'enfin il est contraire à son » bonheur, en le privant de sa liberté, » sans laquelle il n'en est point de réel ».

Vous pensez comme moi, messieurs, que ces assertions sont d'autant plus ridicules, qu'elles donnent un démenti formel à la tradition, et attentent à la sagesse de l'auteur des êtres qui, comme nous l'avons dit, a prononcé que « l'homme ne devait pas rester seul, et » qu'il lui fallait une femme semblable » à lui ». Mais avant de les combattre, examinons ensemble les beaux argumens sur lesquels ces messieurs fondent des opinions aussi fausses, des jugemens aussi erronés.

« L'homme, disent-ils, n'est pas seu- » lement né pour les actes du corps; » ceux de l'esprit le regardent aussi, et » font peut-être la partie la plus distinc- » tive de sa destination. Ce front élevé » vers les cieux (1), comme pour l'a-

(1) « *Os homini sublimé dedit cœlum que videre* » *Jussit; et erectos ad sidera tollere vultus* ». *Ovid. Métam. lib.* 1 , *fab.* 2.

» vertir de la grandeur de son origine ;
» cette physionomie qui sert comme de
» type à toutes celles des animaux
» créés (1); ces yeux, les miroirs de son
» âme, et où se peignent toutes ses
» passions; son port, sa stature, son
» geste même, tout lui retrace la noblesse
» de son être, tout le porte à mépriser
» les objets terrestres, et lui dit de ne
» s'attacher qu'à ceux du ciel, les seuls
» dignes de son étude et de sa médita-
» tion ».

Puis, continuant toujours sur le même
ton apologétique : « Comme l'âme ,
» ajoutent-ils, est la plus noble partie
» de son être, il doit principalement
» appliquer la sienne aux objets qui sont
» seuls dignes d'elles. En combien les
» fonctions du mariage n'y sont-elles pas
» diamétralement opposées ? Quoi de

(1) Voyez le système de Lavater sur les physionomies.

» plus bas, de plus matériel en effet?
» N'est-il pas dans l'ordre de la justice
» et de la raison, que le plus faible soit
» soumis au plus fort, l'inférieur au
» supérieur? Peut-on s'abaisser jusqu'à
» trouver bien que cette âme, d'une
» origine céleste, et dont l'emploi est
» pour nous si précieux, s'abaisse jusqu'à
» suivre les brutaux appétits d'un corps
» terrestre et toute matière; qu'elle
» renonce ainsi au beau droit de com-
» mander, pour se réduire à la néces-
» sité d'obéir; qu'elle descende enfin du
» trône de la raison, pour s'enchaîner
» aux transports tumultueux et désor-
» donnés des sens? Faudra-t-il que
» cette raison, notre plus beau partage,
» pour satisfaire soit à la coutume de tel
» ou tel pays, soit à des intérêts parti-
» culiers, soit enfin à la fougue d'une
» jeunesse abusée, cède son droit de
» souveraineté à une folle et aveugle

passion,

» passion , et favorise ses déportemens ?
» Si elle est la reine et la maîtresse su-
» prème, ne doit-elle pas au contraire
» imposer aux passions ? Eh bien , dans
» le mariage , cet ordre est interverti :
» ce sont les passions qui commandent ;
» ce sont elles qui dominent, qui en-
» traînent malgré elle la raison , qui lui
» font approuver extérieurement des
» choses qu'intérieurement elle con-
» damne comme contraires à cette vé-
» ritable sagesse , qui consiste à vaincre
» tous les mouvemens violens et irrégu-
» liers du corps ».

FLORICOUR.

Voilà bien sans doute les grandes et
imposantes allégations de ces fougueux
antagonistes , contre le mariage ; et
il faut convenir qu'elles ont quelque
chose d'éblouissant qui pourrait d'abord

7.

séduire quelques esprits faibles ou préoccupés, si les effets répondaient aux paroles; mais c'est ce qui, malheureusement pour eux, n'arrive pas. Messieurs les célibataires qui ne manquent pas de faire ces beaux raisonnemens, nous peignent des gens d'un autre monde, et non pas de celui où nous vivons. Ils nous disent ce qu'ils seraient peut-être à souhaiter pour nous que nous fussions; mais ce que nous ne serons jamais en effet, avant d'avoir dépouillé cette mortelle enveloppe d'une âme immortelle.

EDOUARD.

C'est précisément cela, messieurs; vous y êtes. Nous sommes tous naturellement trop asservis à la tyrannie des sens, pour pouvoir nous en affranchir. Nous avons avec la matière des liaisons trop intimes, pour pouvoir nous décider

à ne vivre qu'en esprit ; ce qui serait sans doute le partage le plus beau,
et par conséquent l'objet le plus digne
de nos desirs ; mais que voulez-vous ? Je
répéterai toujours là-dessus le mot de
Térence , déjà si rebattu et toujours si
peu suivi : « Je suis homme, et rien
» d'humain peut ne m'être étranger ».

CHARLES.

Eh sans doute ! et c'est ce que j'aurais
ajouté à mon tableau , si notre vertueux
ami Floricour n'eût pas pris, comme on
dit, la balle au bond , pour l'achever :
tout homme fera le même aveu que vous
venez de faire. Mais que pensez-vous au
reste que soient ces habiles déclamateurs?
Je suis persuadé , moi, que , si l'on exa-
minait de près leurs conduite , on trouverait que le mariage leur est plus avantageux à eux-mêmes qu'à ceux en qui ils
le condamnent.

EDOUARD.

Il me semble que vous avez déjà parlé de gens si passionnés pour les femmes, qu'ils protestent ne pouvoir s'en passer.

CHARLES.

Aussi ne vous en reparlais-je pas , les supposant fort de votre connaissance ; mais je vais vous en faire passer en revue d'autres qui leur sont tout à fait opposés : ceux-ci veulent qu'on se passe de femmes, et soutiennent qu'elles sont tout à fait inutiles. Heim ! qu'en pensez-vous ?

EDOUARD.

Vous parlez de fous qui déraisonnent. Il ne faut que se consulter soi-même, pour juger que cette dernière espèce est la plus ridicule de toutes ; car enfin les *affamés* du sexe le sont du moins de bonne foi. Ils expriment un sentiment de la nature ; ils disent ce qu'ils sentent.

CHARLES.

Oui : ils parlent comme ils vivent.

EDOUARD.

Soit ! Au lieu que les autres sont des fourbes qui sentent ce qu'ils ne disent pas, et qui veulent qu'on les croie fort supérieurs aux passions dont ils ne sont souvent que les plus vils esclaves. Cette hypocrisie qui trompe quelques dupes, leur vaut une sorte d'estime usurpée qui ne dure pas long-temps, il est vrai ; mais enfin ils en jouissent le temps qu'elle dure ; et c'est toujours quelque chose pour eux.

CHARLES.

C'est toujours plus qu'ils ne méritent. Mais pour entrer dans le fond de la question, je fais une proposition directe aux adversaires du mariage, et je leur dis : « Vous prétendez que le mariage ne
» convient point à l'homme ; qu'il est
» même de son honneur de ne se point
» marier ; et moi je vous soutiens que
» non seulement le mariage lui con-
» vient, mais qu'il lui est même néces-
» saire ; et que par toutes les raisons ci-
» viles et humaines, il ne peut s'en pas-
» ser (c'est ce que je crois avoir assez
» clairement démontré jusqu'à présent);
» et puisque toutes les nations, tous les
» peuples civilisés l'ont adopté et pra-
» tiqué, pouvez-vous douter des grands
» et solides avantages qu'il procure ? Et
» s'il est utile, nécessaire, avantageux,
» excellent (comme je l'ai encore

» démontré), oseriez-vous me soutenir
» qu'il est indigne de l'homme ? Ce se-
» rait trop d'absurdités cumulées. »

FLORICOUR.

C'est un procès déjà jugé : examinons
plutôt les raisons sur lesquelles se fondent les antagonistes.

CHARLES.

Elles reviennent toujours à ce même
cercle : « Le mariage est contraire à l'em-
» pire que doit avoir la raison sur les
» sens et les passions ; il assimile l'homme
» à la brute , et le dégénère au point de
» le rendre indigne de sa haute ori-
» gine. »

FLORICOUR.

Il me semble qu'on peut leur répondre

à cela en fort peu de paroles. « Quelle lo-
» gique est donc la vôtre ? quoi donc, la
» raison est dans l'homme ce que le roi est
» dans l'Etat; elle doit tout s'assujétir et
» ne s'assujétir à rien; toutes les pas-
» sions lui doivent être soumises , mais
» elle ne doit jamais se soumettre à au-
» cune , et vous conclurez que le ma-
» riage ne convient pas à l'homme; que
» l'homme ne doit pas se marier!» Quel
pitoyable raisonnement !

CHARLES.

Il m'indigne. Je demeure bien d'accord du principe que la raison doit gou-
verner la passion ; qu'elle doit avoir
l'empire absolu; mais où ces gens-là ont-
ils pris que le mariage soit contraire à sa
souveraineté? La conclusion qu'amène
nécessairement le principe précité, est
toute opposée à la leur, et en même temps

toute naturelle ; c'est que le mariage est nécessaire à l'homme , et que l'homme doit se marier.

FLORICOUR.

Sans contredit, quand ce ne serait que parce que les passions sont toujours bien plus fortes dans le célibat que dans le mariage ; que le mariage est lui-même un moyen pour dompter les passions , et que la raison les gouverne par conséquent alors avec plus de facilité. Mais, dira-t-on , il faut qu'elle en triomphe, qu'elle les captive ; il faut que la raison absorbe et dévore, pour ainsi dire , toutes les passions. . . . .

CHARLES.

Doctrine fausse, erronée , absurde ,

également méconnue dans l'école de Dieu et dans celle des hommes. Les passions en elles-mêmes sont bonnes ; la corruption seule en a détourné l'usage ; il ne s'agit que de les bien diriger. Pourquoi en priverait - on absolument l'homme ? Sans elles, il ne peut rien ; elles sont essentielles à sa nature ; sans passions, l'homme ne vivrait qu'à demi.

EDOUARD.

Et s'il faut citer les Pères, Saint-Augustin, qu'on ne révoquera sûrement pas en doute, ne dit-il pas textuellement : « *Affectus animi qui non habent rectè* » *non vivunt ; les gens sans passions ne* » *vivent pas bien ?* » C'est ce qui me fait condamner l'indolence des stoïciens. Oui, l'homme sans passions est méprisable ; il n'est simplement question que de les renfermer dans ces justes limites dont parle notre ami Horace (1), au-delà et en deçà desquelles la vertu ne peut subsister.

CHARLES.

Très-certainement ; et c'est ce qui me fera toujours soutenir qu'il faut ranger les passions sous les justes lois de la raison. Sans cela, je ne leur reconnais plus de droit, plus de légitimité : ce sont des enfans perdus qu'il faut abandonner à leur malheureux sort. Or, de tout ce qui peut concourir à favoriser cet empire de la raison sur les passions, je ne connais rien de plus efficace que le mariage, qui, par sa nature, ramène tous les hommes à une conduite sage et réglée ; par conséquent j'ai raison de dire, et les antagonistes ont très-mauvaise grâce de le nier,

(1) *Est modus in rebus, sunt certi denique fines*
Quos, ultrà citràque, nequit consistere rectum ;
Horat. Serm. lib. 1, sati. I.

que le nœud conjugal s'accorde très-bien
avec la dignité de l'homme dont-il fait à
la fois et le bonheur et le besoin, puisqu'il faut citer aussi ce beau nœud.

FLORICOUR.

Vous êtes d'autant plus fondé, que tout
physique que paraisse l'acte du mariage,
il est infiniment conforme à la droite
raison, comme à la nature de l'homme.
On peut dire de celui-ci qu'il est en quelque sorte un animal mixte, ni tout corps,
ni tout esprit, mais participant de l'un et
de l'autre. Chacune de ces deux parties
qui constituent son être, doit s'attacher
aux objets qui lui sont propres, et qui
conviennent à sa nature. Comme l'âme
est d'origine céleste et immortelle, elle
doit principalement tendre à s'élever
au-dessus des choses terrestres, ou qui
n'ont de rapports qu'aux sens; c'est
vers le ciel qu'elle doit s'élancer. Quant

au corps , qui n'est que terre et matière, qu'il suive sa pente naturelle , c'est sa destination : personne n'a droit d'y trouver à redire.

CHARLES.

En supposant toujours que dans ses fonctions, il ne trouble ni scandalise personne. Autrement , il dérogerait à la dignité de son être par l'honneur qu'il a d'être, par son âme, l'image de son créateur.

Je conçois qu'il doit être affligeant pour l'homme de s'avouer que , par le corps, il entre en quelque sorte en communauté avec la brute ; sujet comme elle aux mêmes accidens, aux mêmes besoins, sans avoir à cet égard aucun privilége sur elle que l'expression peut-être plus raffinée de ses desirs. Mais ces héros, ces conquérans de l'antiquité, qui remplirent l'univers de terreur et d'admiration, ou ces hommes célèbres qui l'étonnèrent par

la force et la vigueur de leur génie , ont
été soumis à ces mêmes accidens, à ces
mêmes besoins. Après s'être égalés à leurs
dieux, dans la partie supérieure de leur
être, ils n'ont pas cessé pour cela de rester hommes, par la loi insurmontable de
la nature. Cela peut être un peu mortifiant pour le roi des animaux ; mais qu'y
faire ?

FLORICOUR.

Rien autre chose, si non penser que
cette marche était nécessaire aux grands
desseins de l'auteur des êtres, et s'y soumettre avec résignation. Moi, je pense
que Dieu ayant voulu faire tout le genre
humain d'un même sang, et par les voies
ordinaires de la nature, il a fallu nécessairement qu'il donnât à l'homme un
corps organisé, capable de se multiplier ;
qu'il créât deux sexes, et qu'il leur donnât
à chacun ce desir si vif et si naturel de

s'unir pour se propager , mais jamais autrement que par les nœuds du mariage, hors duquel on ne doit jamais reconnaitre aucune union légitime.

CHARLES.

On aurait bonne grâce après cela de venir nous dire que . sous le rapport de l'union des sexes, le mariage est indigne de l'homme! Toute charnelle , par conséquent toute méprisable que cette union paraisse aux antagonistes , ne sufût-il pas qu'elle soit d'ordre divin et conforme aux saintes lois de la nature , pour imposer le plus absolu silence à ses plus fougueux adversaires.

FLORICOUR.

Je vous assure que je la trouve aussi conforme à la saine raison que convenable à la nature de l'homme. Je trouve même que la raison doit y porter tout le genre humain. Le ciel assez générale- ment ratifie ce qu'elle approuve ; d'ail- leurs, elle permet à l'homme de pratiquer tout ce qui tend au bien et à la conser- vation de son être ; loin d'elle le dessein de le priver d'un desir aussi essentiel que celui de cette conservation ! Elle veut seulement qu'il le restreigne, et le rap- porte à un usage légitime et utile à la propagation de la grande société. Ainsi, que ce desir nous ravale ou non à la con- dition de la brute, comme il nous est donné par la sage nature pour une fin infiniment noble , sachons l'apprécier à sa juste valeur, et en rendre l'usage digne du créateur qui nous le donna. Concluons donc, et disons que cette union des sexes est un besoin comme tous les autres , et que pourvu que la raison y préside , elle n'a rien du tout d'indigne de l'homme , puisqu'elle contribue à son bonheur et à la propagation de son espèce.

CHARLES.

Oui, mais voici la grande armée des antagonistes qui vous crie : « Mais le cé-
» libat vous assimile à la pureté des in-
» telligences célestes. C'est une perfec-
» tion de plus ; vous y visez à cette per-
» fection : ne la manquez donc pas. »

FLORICOUR.

Permettez que je vous arrête ici, et que je réponde d'abord à votre grande armée, que je nie absolument que son célibat, purement corporel, soit une perfection qui nous assimile aux suprêmes intelli-gences ; car, puisque le mariage est d'ins-titution divine, et qu'il est de l'ordre de la nature, et même un devoir pour l'homme, comme vous nous l'avez si bien démontré,

comment le célibat, qui lui est diamétralement opposé , pourrait-il être une vertu ?
Pour que cela fût , il faudrait que le
mariage fût un crime ; et c'est ce que
très-certainement ni vous ni moi n'en-
tendons ; non plus , j'en suis sûr , que
monsieur (*montrant Edouard*), qui nous
écoute avec le plus beau sang-froid ,
comme si ce que nous disons n'avait aucun rapport à lui.

EDOUARD.

Moi, monsieur , je vous ai dit que je
profitais à vous entendre , et je vous assure que je vous tiens parole.

CHARLES.

J'accorde aux antagonistes que , parmi
les soins et les peines du mariage , on
compte principalement ceux de l'éduca-

tion et de l'établissement des enfans ; mais, après tout, puisque l'homme est né pour les prendre, ces soins , peut-il jamais en trouver de plus légitimes ? Ne les a-t-il pas lui-même reçus de ses père et mère ? D'ailleurs, comme dit Sénèque, serait-ce être homme que de redouter la fatigue pour faire des hommes ? serait-ce être homme que de rester célibataire, pour éviter de se livrer aux véritables occupations d'un homme ? serait-ce être homme enfin que de fuir le mariage, par la seule crainte de remplir les principaux devoirs de l'humanité , et d'obéir à la première loi de la nature, de transmettre à ses enfans ce qu'on a reçu de ses auteurs ?

FLORICOUR.

Fort bien, mais comptez-vous pour rien l'état de fainéantise et d'oisiveté dans lequel vivent d'ordinaire ceux qui sont privés d'enfans ?

CHARLES.

A propos de quoi me faites-vous cette question ?

FLORICOUR.

C'est que ne connaissant rien de si au-dessous de l'homme que cet état, je n'imagine rien de plus propre à l'en préserver qu'un mariage fécond. L'homme seul, isolé, n'a guère qu'à penser à soi, sans beaucoup d'inquiétude pour l'avenir ; il se relâche aisément sur tout, fuit le travail, source du bonheur et de l'honneur véritable, et abandonne sa vie au luxe et à la mollesse, source de corruption et de malheur. Celui, au contraire, qui se voit, pour ainsi dire, renaître dans de nombreux successeurs de ses travaux ou de sa gloire , n'a pas moins à penser à eux qu'à lui même : ses enfans sont ses premiers créanciers ; ils naissent tels : il leur doit la subsistance et l'éducation : toute sa vie doit être consacrée à l'acquittement de cette dette. Mais quels soins , quel travail , diront toujours nos adversaires ! Je conviens avec eux que le corps en pâtit , et que l'esprit en souffre. Mais aussi, quoi de plus véritablement digne d'un homme ! On a dit, avec raison, que l'opulence est un mal pour ceux qui n'ont point d'enfans ; j'ajoute que la pauvreté en est un double pour eux. Les indigens ont besoin d'en avoir comme d'un stimulant nécessaire pour s'exercer au travail, et chercher tous les moyens honnêtes de sortir de l'indigence ; c'est peut-être ce qui a donné lieu à ce dicton, que les enfans en sont la richesse. J'en conclus donc que les enfans sont nécessaires dans tous les états, et que c'est mal

entendre la voix du ciel et de la nature,
que de ne se pas marier par la crainte
d'en avoir.

C H A R L E S.

Votre conclusion est comme votre observation, l'on ne peut pas plus juste.
Mais souffrez que j'achève en répondant
à l'objection qu'on fait ordinairement sur
les querelles domestiques et la mauvaise
humeur qu'on attribue aux femmes.

É D O U A R D.

On ne peut douter que ce ne soit un des
plus grands inconvéniens du mariage.
Quand une fois la division s'y met, et
qu'on en vient à la dissention, les épines
y croissent de toutes parts. Quelle injustice, disait autrefois à ce sujet un mé-
content, d'avoir fait du mariage un

sacrement, tandis que j'y en vois deux,
au moyen de celui de la pénitence qui
s'y joint!

CHARLES.

Ce n'est pas là ce qui m'épouvante. Il
n'y a, comme on dit fort bien, qu'à la
mort qu'il n'est pas de remède. Je me
propose dans nos entretiens suivans
d'abattre cette hydre, et de donner des
moyens presque infaillibles d'obtenir
dans le mariage cette fameuse et riche
vigne du Psalmiste, que nos mauvais
plaisans prétendent n'avoir encore été
ouverte à personne, et dont l'accés n'est,
disent-ils, permis qu'à ceux qui ne se
repentent pas au bout d'un an. Et si l'on
vient me répéter qu'il n'est point de mariage, quelque heureux qu'il soit, qui
n'ait ses désagrémens, je répéterai de
même ce que j'ai dit, que toutes les conditions ont les leurs; qu'ils sont infini-

ment plus aisés à supporter dans cet état que dans tous les autres ; et qu'il est de l'honneur et du devoir de l'homme de savoir souffrir patiemment quelques chagrins qui lui viennent d'une source dans laquelle il a puisé mille délices.

FLORICOUR.

On ne peut nier qu'à certains égards les femmes ne soient quelquefois incommodes aux hommes : cependant si l'on examine les choses de près et sans prévention, on trouvera qu'une femme procure à l'homme infiniment plus de bien qu'elle ne saurait lui faire de mal. Il est d'ailleurs d'une souveraine injustice de vouloir exiger de quelqu'un plus qu'il ne peut ; et c'est précisément ce que font les hommes qui voudraient que les femmes fussent sans défauts ; qu'à la beauté d'Hélène, elles joignissent la vertu de Pénélope et la sagesse de Lucrèce ;

qu'elles

qu'elles fussent tellement maîtresses d'elles-mêmes, qu'il ne leur arrivât jamais de rien dire, de rien faire, ni même de rien penser qui ne fût pour leur plaire.

CHARLES.

Injustice criante, et d'autant plus condamnable, que les hommes eux-mêmes seraient bien embarrassés de pratiquer ce qu'ils exigent d'elles.

FLORICOUR.

Eh bien ; puisque nous ne pouvons être sans défauts, il faut donc que nous nous les tolérions réciproquement ; que la femme supporte ceux de l'homme, et l'homme à son tour ceux de la femme. Chacun n'a-t-il pas les siens? Vous en trouverez partout. Si vous ne souffrez pas ceux d'une épouse, vous aurez à

souffrir ceux d'un ami, ceux d'un domestique, de tout le monde; ou bien
vous prendrez le parti de vous exiler de
la société; et même quand vous vous en
exileriez, vous auriez encore à souffrir
les vôtres, qui vous seraient d'autant plus
insupportables que, tout amour-propre
à part, n'ayant que ceux-là sans cesse devant les yeux, ils vous paraîtraient infiniment plus hideux, plus détestables. Quel
point d'optique !

C H A R L E S.

D'ailleurs, ce que remarquent les na-
turalistes, que le même terroir qui produit des poisons en produit aussi les re-
mèdes, peut fort bien s'appliquer ici
aux femmes. Si quelquefois elles cha-
grinent leurs époux, combien de sujets
de joie ne leur donnent-elles pas ? Si par
fois elles les affligent, que de consola-
tions ne leurs prodiguent elles point ? Et
si elles les blessent, le dictame est là

tout prêt dans leurs mains pour guérir la blessure. Pour quelques paroles d'aigreur, combien de mots fins, spirituels, agréables, charmans qui en corrigent l'âpreté ! Si votre femme vous déplaît un moment, combien, dans d'autres, ne vous paraît-elle pas enchanteresse ! A l'égard des querelles du ménage, j'avoue que, pour l'instant, elles affectent vivement la sensibilité, et qu'il n'y eut jamais de fruits plus amers; mais heureusement ce sont des nuages aussi légers que fugitifs, qui se dissipent à l'aspect du premier geste, du premier sourire, et dont l'effet le plus ordinaire est de resserrer plus étroitement encore les nœuds de l'amour conjugal. Térence n'a donc pas eu si grand tort de nous dire que les querelles des amans sont des redoublemens d'amour (1).

(1) *Amantium ira amoris reintegratio est.* Ter. *in And.* Scen. 3, act. 3.

Ainsi, je crois avoir à peu près détruit toutes les objections des ennemis du mariage. Je ne leur vois aucune raison pour ne le pas aimer, et je leur en vois mille pour le désirer. Après tout ce que j'ai dû dire sur ce sujet, je doute un peu que vous ne soyez pas de l'avis de cette bonne vestale, qui disait jadis avec tant de naïveté : « Je veux mourir, si le mariage n'a » de grandes douceurs ! »

Demain, nous parlerons des moyens de se bien marier et de vivre heureux en ménage. Cette matière intéresse trop de gens, pour ne pas mériter d'être approfondie et méditée avec soin. Ainsi je vous ajourne encore à demain.

FLORICOUR, *à Edouard.*

Pour moi, je n'y manquerai pas. Ce que vous nous avez dit pendant le dîner, des moyens de faire un bon choix en se mariant, fait trop vivement desirer d'en connaître l'ensemble, etc. (*Ils se retirent.*)

Fin du sixième Entretien et de la troisième Section.

IVᵉ ET DERNIÈRE SECTION.

SOMMAIRE.

SEPTIÈME ENTRETIEN. Nouveau personnage. — Nécessité d'une bonne intelligence entre les époux. — Raison et bon sens nécessaires. — Beauté, ornement trop fragile. — Amabilité, conformité d'humeur, essentielles. — Diversité des goûts. — Du don de plaire, nécessaire à une épouse. — Art de feindre ou de dissimuler, etc. — Epreuve. — Divorce. — Moyen proposé par un ancien philosophe. — Avis d'Hésiode. — Nécessité de se bien connaître pour s'épouser. — Causes des mauvais choix, et leurs suites. — De l'esprit d'imitation. — De l'importance du choix d'une famille honnête. — Egalité de condition et de fortune, nécessaire à observer. — Quelle fortune a-t-elle ? — Richesse sans vertus, vertus préférables. — Reconnaissance d'une honnête femme envers son époux. — Trésor inépuisable. — Source de la prospérité d'une maison. — Mariage forcé, ses suites. — Nécessité de se plaire mutuellement. — Sotte consolation d'Aristippe. — Attention nécessaire. — Mauvais calcul des épouseurs en titre. — Causes de la quantité de martyrs du mariage. — Moyens d'éviter tout cela.

HUITIÈME ENTRETIEN. Moyens pour vivre heureux en ménage. — Devoirs d'un père envers sa femme et ses

enfans. — Avis important pour les pères à ce sujet. — Fausse application des inclinations des enfans pour le choix d'un état, etc. — Inégalité de fortune. — Mécompte des pères, etc. — Suites funestes d'un mauvais calcul. — Avis pour éviter ces inconvéniens. — Autres avis non moins essentiels au bonheur des pères et des enfans. — Conclusion.

SEPTIÈME ENTRETIEN.

Sur les moyens de se marier avantageusement et honnêtement.

LES MÊMES, VIRGINIE.

CHARLES.

Voulez-vous bien, messieurs, que je vous présente ma nièce Virginie, qui m'est venue voir ce matin, et qui, en sa qualité de veuve, prétend avoir droit d'assister à nos exercices ? Elle s'y est malheureusement prise un peu tard, puisque nous voici à la dernière partie de notre sujet; mais comme dit le sage :

Pour faire bien , mieux vaut-tard que jamais.

FLORICOUR.

La présence de madame ne peut qu'infiniment ajouter au plaisir de vous entendre....

EDOUARD, *reprend.*

Et nous sommes persuadés que les ré-flexions que le sujet de nos entretiens peut faire naître à madame , seront pour nous de nouveaux traits de lumière d'autant plus précieux , qu'elles sortiront d'une bouche aimable , et qui n'a jamais produit que des choses pleines de raison, d'esprit et de solidité.

VIRGINIE.

Ces messieurs sont plus qu'indulgens, mon oncle. Mais ne jugez-vous pas à propos de commencer ?

8*

CHARLES.

C'est ce que je vais faire. Nous allons maintenant traiter du point le plus important, des moyens de se marier d'une manière avantageuse et sortable.

FLORICOUR.

Ce n'est qu'à de telles unions que peut se rapporter tout ce qui s'est dit entre nous jusqu'à présent sur l'état conjugal. Ceux même contre qui vous avez si vaillamment combattu, les adversaires les plus déhontés de cet état, ne sauraient en disconvenir. Tout opposés qu'ils sont à notre sentiment, il faut bien qu'ils avouent que c'est du moins une société qui pourrait offrir des douceurs, si les époux, toujours bien unis, n'avaient jamais sujet de se plaindre l'un de l'autre.

CHARLES.

Et observez que l'erreur des adversaires du mariage ne vient précisément que de l'idée qu'ils ont qu'une pareille union est impossible. Mais si on leur démontre évidemment le contraire; si on leur donne des préceptes dont la pratique les assure qu'ils ne peuvent qu'être heureux en ménage, qu'auront à répondre ces messieurs?

FLORICOUR.

Rien; et à vous dire vrai, j'espére que cette partie de l'objet de nos entretiens pourrait jouir de ce succés pour nous-mêmes et pour tous les adversaires possibles, en supposant, ce qui peut arriver, que vous en fassiez un jour part au public.

CHARLES.

C'est ce qu'aussi j'espére bien faire un jour. J'espère également qu'elle convaincra pleinement les chers auditeurs à qui je m'adresse ici, de la vérité de ma proposition, que rien ne peut être plus avantageux à l'homme qu'un mariage sortable, et qu'on peut s'en promettre un de ce genre, lorsqu'on y admet la raison et le bon sens. Ainsi, ce qu'on doit observer pour se bien marier, et ce qu'il faut pratiquer dans le mariage, sont les deux points que je vais traiter.

Quand un honnête homme s'est une fois décidé à prendre femme, il me semble que son premier soin doit être de prier le ciel de lui en donner une qui pense et sente comme lui; car je suis fermement persuadé qu'il entre de la providence partout, et qu'il n'est rien ici bas qu'elle ne couvre de ses influences bienfaisantes.

Après avoir demandé au ciel une femme de bon choix, et de votre choix, il faut que, sous les auspices de cette même providence, vous en cherchiez une qui vous convienne; ce qui comporte deux choses; l'une qu'elle plaise à vos yeux, l'autre qu'elle soit d'humeur conforme à la vôtre ; car sans cette douce sympathie, sans cette parfaite union des âmes et des sentimens, il n'est point de mariage heureux. J'accorde qu'il ne faut pas épouser une fille seulement pour sa beauté (1). C'est un fondement trop

(1) On a très-judicieusement observé qu'une belle figure, l'éclat d'un beau teint, une taille élégante et svelte, excitent d'abord l'admiration ; mais que, si la personne qui en est ornée manque d'esprit, l'admiration cesse bientôt, et que, comme une vapeur légère, elle se dissipe par la fréquentation même de celle qui en est l'objet. Ce qui d'abord avait plu dans une physionomie, ou même ce qui y déplaisait, éprouve à chaque fois qu'on la revoit quelque diminution, à moins que la passion n'emporte, et la passion ne va pas toujours jusque-là. L'âme revenue à elle-même cherche une autre âme ; rien autre chose ne peut la satisfaire. Si elle ne trouve point ce qu'elle cherche, c'est en vain que l'œil le plus vif fait briller ses étincelles, c'est en vain que le plus doux sourire l'invite au sentiment, les minauderies les plus agaçantes ne lui font presque aucune impression. Qu'un esprit modeste vienne alors à se montrer ; quelle que soit la personne qui en est douée, elle est sûre d'être accueillie, recherchée, et que chacun se rangera

fragile pour qu'on puisse s'y fier. Les fleurs
sont de peu de durée; et le plus grand

de son côté; elle aura encore cet avantage, que plus on
la verra, plus elle inspirera d'intérêt.

Mais on suppose qu'il n'en aille pas toujours ainsi : les
jeunes personnes peuvent-elles attacher aucun prix à un
hommage bannal, à un encens qu'on n'offre qu'à leur
seule figure, prodigué sans mesure, comme sans distinction, à toute belle statue qui se présente avec le
frivole et fragile avantage d'avoir été jetée dans un
moule plus régulier ? « Hélas ! s'écrie à ce sujet une per-
» sonne du sexe qui a écrit avec succès sur cette matière,
» où est notre délicatesse ? Ne serions - nous pas ca-
» pables d'un orgueil plus noble et plus relevé ? Serions-
» nous encore assez vaines, assez insensées, après les avis
» qu'on nous a donnés, pour regarder la flatterie comme
» une approbation ; et croire que ces égards de complai-
» sance et de pure honnêteté sont des preuves d'es-
« time et d'attachement ?

» Convenons, ajoute-t-elle, que la beauté a de grands
» avantages ; mais hélas, qu'en reste-t-il au bout de
» quelques années ? Celle qui est la plus parfaite ne
» tarde pas à se flétrir; un chagrin, une maladie, un
» rien la fait disparaître en un instant, et quelquefois
» sans retour. Quelle serait donc notre folie de fonder
» nos prétentions et notre bonheur sur un bien si fragile?
» Une femme d'un vrai mérite, qui, pénétrée de ses
» devoirs, se gouverne par le sentiment qu'ils lui

malheur, c'est que quand celles de la beauté passent chez les femmes , les hommes sont assez injustes , assez impitoyables pour les accabler de leurs mépris.

FLORICOUR.

Convenez aussi que c'est une grande mortification pour un mari de se voir en quelque sorte forcé de rebuter celle avec

» inspirent , qui , douée des plus excellentes qualités du
» cœur et de l'esprit , y joint ce respect tendre et géné-
» reux pour l'humanité , qui donne aux vertus de l'é-
» lévation et de la stabilité ; une telle femme , dis-je ,
» sera toujours aimable aux yeux de tous les honnêtes
» gens. Comme elle possédera tous les charmes de la
» douceur , de l'intelligence , de la candeur et de la
» modestie , elle n'aura jamais à redouter de devenir un
» de ces objets de la mode qu'on abandonne lorsque
» celle-ci est passée. Dans sa jeunesse , elle pouvait
» plaire davantage ; mais comme alors elle plaisait par
» son esprit et sa vertu , elle continuera encore de plaire
» dans l'âge où la beauté perd toutes ses conquêtes.
» Les graces peuvent bien attirer un cœur ; mais il n'ap-
» partient qu'aux vertus de le fixer. »

laquelle il est condamné à passer sa vie entière.

C H A R L ES

C'est aussi ce qui me fait vous dire qu'il ne faut jamais, dans le mariage, faire de la beauté le point essentiel :

« Puisque rose elle vit ce que vivent les roses,
 » L'espace d'un matin (1). »

Il est même en quelque sorte fâcheux, sous ce rapport, qu'un beau corps soit ordinairement l'indice le plus certain d'une belle âme. La douceur et l'honnêteté semblent être inséparables de la beauté.

E D O U A R D.

Et vous vous étonnez, d'après cela; que l'homme lui donne la préférence, et

___

(2) Voyez les belles stances de Malherbe à M. Du-perrier, sur la mort de sa fille.

mette , pour se marier , quelques soins à sa recherche ! Vous ne concevez donc pas le plaisir d'avoir une belle femme, et de la juger digne de votre amour, souvent même lorsqu'elle a mérité toute votre haine.

CHARLES.

Pardonnez - moi , et j'en bénis mille fois le Créateur. Je sais bien que toutes les femmes ne sont pas belles, et qu'il en est peut-être plus de laides que d'aimables; mais, par une providence toute particulière, en cela comme en toute autre chose , chacun a son goût. Ce qui ne plaît pas à l'un plaît à l'autre. Tous les hommes ne voient pas les femmes du même œil, ni d'une même manière. Rien n'est moins certain que le jugement qu'ils en portent. Pour cent qui seront épris des blondes, vous en trouverez mille qui n'aimeront que les brunes. Tel aime une femme grasse, tel une qui n'a nul embonpoint ; et combien n'en est-il pas qui trouvent belles celles qui paraissent laides à d'autres !

VIRGINIE.

Comme on voit tous les jours de jolies femmes *s'amouracher* de magots d'hommes qu'on ne voudrait pas, comme on dit proverbialement, ramasser avec des pincettes.

CHARLES.

Comme pour quelques uns qu'une beauté achevée peut seule captiver, vous en trouverez dix mille qui se contenteront de ce qu'on appelle dans une femme, bon air et bonne mine. Ainsi tout se trouve et se prend ; et chacun a de quoi satisfaire son goût et son penchant pour le sexe ; car quand Ovide a dit : « Cherchez d'abord une jeune fille qui plaise à vos yeux (1) », n'imaginez pas qu'il ait voulu dire qu'elle plaise à tous : il entend bien que ce soit à vous seul qu'elle convienne : il n'entend pas même qu'elle soit belle aux yeux des autres.

FLORICOUR.

J'avoue que cette condition est de rigueur pour vivre heureux en ménage, et que si vous ne sentez pas pour votre épouse ce sentiment vif et prompt qui vous enchaîne et vous captive d'abord pour elle, et que vos yeux n'y voient pas, sinon quelque chose de fort beau, au moins quelque chose de fort agréable, vous passerez fort mal votre tems avec elle.

(1) *Quærenda est oculis apta puella tuis.*
          Ovid. *de Arte amandi.*

VIRGINIE.

'Assurément, le lot de la femme est de plaire à son mari ; autrement on a beau l'avoir à bon marché, on l'achète toujours trop cher, comme disait autrefois ce riche marchand de la rue St. Denis, *aux trois piliers d'or*, dont la chronique du tems n'a pas dédaigné de recueillir l'adage assez mercantile.

FLORICOUR.

Fut-elle même l'orpheline la plus indigente et la plus abandonnée, pourvu qu'elle soit belle ou qu'elle plaise, cela suffit, il n'en faut pas davantage ; et c'est une remarque plus essentielle qu'on ne croit à faire quand on se marie.

CHARLES.

S'il importe que la femme plaise aux yeux, il importe encore davantage qu'elle plaise à l'esprit et au cœur. Il ne suffit pas qu'elle ait de la beauté ou de simples agrémens, il faut surtout qu'elle ait une humeur qui sympathise avec la vôtre. «Femmes, allez-vous-en, dit Martial, ou conformez votre humeur à la nôtre (1)». Sans cela, point de paix, point de repos, trouble et dissention dans le ménage, enfer anticipé, tombeau dans lequel vous vous engloutissez tout vivant.

EDOUARD.

Convenons aussi qu'on y est souvent trompé par cet art de feindre, qui, j'en demande pardon à madame, est si naturel à son sexe. On dit ordinairement qu'il n'y a jamais de méchantes filles par l'art qu'elles ont de paraître bonnes, lors même qu'elles ne le sont pas; et puis-

______

(1) *Uxor, vade foras, aut moribus utere nostris.*
Mart. lib. II.

qu'il faut citer dans une discussion telle que celle-ci, un Père de l'Eglise, St. Jean *Bouche d'Or* (1) ne dédaigne pas de remarquer qu'on n'achète les chevaux et les autres animaux qu'à l'essai, mais qu'il n'en est pas de même pour le mariage. Si une femme est violente, emportée, jalouse, arrogante ou infirme, quelque défaut qu'elle ait, l'homme n'en est instruit qu'après l'avoir épousée. Cela ne signifie t-il pas très-clairement que les risques qu'on court en se mariant sont incalculables ?

VIRGINIE.

Courage, messieurs, je vous écoute avec la plus sérieuse attention. Il faut espérer que j'aurai mon tour.

CHARLES, *à sa nièce.*

En attendant, je ne puis m'empêcher

(1) Chrysostôme, nom formé du grec, lequel signifie *bouche d'or.*

d'être de son avis. Il ne s'agit pas ici de discuter une question de boudoir ; j'observerai seulement à monsieur Edouard que , sans recourir à cette épreuve de six mois que , selon Hérodote , on pratique chez certains peuples , ni aux lettres de divorce des Juifs et des Romains , de qui nous les tenons, il n'est pas impossible, dans une affaire d'aussi grande conséquence, de se conduire de manière à mériter sa propre estime et celle de tous les gens de bien. Un grand philosophe nous dit à ce sujet que le meilleur moyen d'éviter les désagrémens dont on vient de parler, est d'épouser une fille qui soit jeune et vierge, afin de pouvoir la former plus aisément aux bonnes mœurs (1). Je serais, à cet égard, assez de son avis : il est certain que les jeunes filles sont bien plus aisées à morigiuer que les autres. Comme elles n'ont pas encore eu le tems

____

(1) Voyez Aristote.

de contracter de mauvaises habitudes ;
on peut plus facilement leur en donner
de bonnes ; et comme elles connaissent à
peine le mal , elles peuvent d'autant
mieux s'attacher à pratiquer le bien.

FLORICOUR.

En effet, lorsqu'un cœur n'est pas
infecté des maximes du vice , il est plus
aisé de lui imprimer des semences de
vertu ; et j'estime qu'il vaut mieux qu'une
femme manque de quelques qualités nécessaires pour la conduite d'une maison ,
que d'en avoir de capables de désespérer
un mari. Les bonnes qualités peuvent
s'acquérir avec les années ; mais les
années ne font que fortifier les mauvaises.
Et quel enfer anticipé alors ! Quelle
source intarissable de chagrins et de
malheurs domestiques ! Quel abime de
douleur et de désespoir ! L'idée seule en
fait frémir.

CHARLES.

CHARLES.

Si l'avis du précepteur d'Alexandre est bon, celui d'Hésiode ne me le paraît pas moins : il veut que celui qui se marie, prenne une fille de sa connaissance et de son voisinage (1).

EDOUARD.

Il n'est peut-être pas de précepte plus vrai ni dont la pratique soit plus nécessaire. Pourquoi voit on si peu de mariages heureux ?

FLORICOUR.

C'est qu'on se marie ordinairement

(1) *Eam vero potissimum ducito, quæ te prope habitat. Hésiod. Oper. et dieb. lib. 2.*

Ce qui veut dire à la lettre : « *Croyez-moi, épousez votre voisine.* »

sans se connaître, et sans savoir si l'on est fait l'un pour l'autre. Celui-ci, enthousiasmé d'une beauté qu'il voit peut-être pour la première fois, en est tellement épris, que sans examiner si elle a quelqu'une des qualités propres à faire le bonheur d'un mari, il l'épouse. Celui-là, qui ne rêve qu'opulence ou grandeur, ne fera nulle difficulté de prendre la personne du monde la plus mal faite de corps et d'esprit, pourvu qu'elle fasse sa fortune.

VIRGINIE.

Et cela vient de ce que la plupart de vos mariages, messieurs, ne se font ou que p' ntremise de gens pour l'ordinair al choisis, ou par des vues d'int et toujours si mal entendues, que vous n'y voyez goutte. Vous en apercevez bien les dehors, mais l'intérieur vous en est totalement inconnu. Tout ce que vous savez de mademoiselle telle, c'est qu'elle a du bien ; pour ses mœurs, vous vous en inquiétez fort peu. C'est-à-dire, que sachant ce qu'elle a de richesse, vous la dispensez aisément des vertus qu'elle n'a pas. Il ne faut point chercher d'autre cause des disgrâces que tant de gens éprouvent dans leur choix.

CHARLES.

Elle a dit le mot. Le principal est donc de faire une sérieuse étude de l'humeur et de la conduite d'une fille ; et pour cela, il ne faut pas vous aviser d'aller la chercher dans un pays éloigné du vôtre; il faut, autant qu'il vous sera possible, la prendre, pour ainsi dire, à votre porte. Un troisième précepte encore plus sûr que les deux autres, c'est d'en choisir une qui vienne de bon lieu, et appartienne à une famille irréprochable ; vous fondant à cet égard sur cette vérité assez connue, que les

*

enfans ressemblent toujours à ceux dont ils ont reçu le jour.

EDOUARD.

Fort bien ! Mais il est tant d'enfans qui dégénèrent des vertus de leurs ancêtres....

CHARLES.

Remarquez, je vous prie, que je parle ici [en général, et que je puis dire sans crainte de beaucoup me tromper : « Tel père, tel fils ; telle mère, telle fille ». Si au fruit on reconnaît l'arbre, on peut aussi à l'arbre reconnaître le fruit.

FLORICOUR.

Vous ne prétendez pas sans doute que cette ressemblance, purement morale, soit un effet de la nature ?

CHARLES.

Mon Dieu non : ce n'en est qu'un de l'imitation. Il n'est personne qui ne sache quel empire elle a sur l'esprit des enfans, et combien elle le rend conforme à celui de leurs pères et mères. Ils n'ont pas d'autres modèles et ne se proposent presque jamais d'autre exemple. Il est seulement fâcheux qu'ils s'étudient plus à les imiter dans le mal que dans le bien ; car rien ne souille davantage l'âme, et ne corrompt plus promptement les mœurs, que les mauvais exemples domestiques. Ce serait donc une extrême imprudence à un honnête homme de se tromper dans le choix de la famille où il veut entrer, et d'épouser la fille d'une mère impudique ou tachée de quelque vice scandaleux. A moins d'être assuré de sa vertu par des preuves incontestables, ou par une révélation céleste, qui voudrait s'y fier ?

Quel risque ne courrait-on pas d'augmenter le nombre de ceux qui font leur
pénitence en ce monde, et d'épouser,
pour ainsi dire, une croix au lieu d'une
femme ? Il y a d'ailleurs infiniment plus
de sagesse et de raison à supposer des
vertus et de bonnes mœurs à une
jeune personne qui sort de parens honnêtes, et qui a été élevée par une mère
vertueuse, qu'à une dont la famille est in-
connue ou ignorée. Je ne garantis point
les exceptions : point de règle si générale
qui n'ait les siennes ; mais je crois pouvoir assurer que celle-ci est une des plus
certaines, et qu'il s'en trouvera fort peu
parmi ceux qui la pratiqueront, à qui elle
ne réussisse pas.

FLORICOUR.

Il me semble que vous oubliez un point
bien essentiel.

CHARLES.

Cela se peut : quel est-il ?

FLORICOUR.

C'est l'égalité de condition et de fortune.

CHARLES.

Non vraiment, je ne l'oublie pas ; car
je pense que, sans cette égalité, tout
l'édifice d'un mariage heureux croule de
fond en comble. Si vous prenez une
femme d'une famille plus élevée que la
vôtre, elle s'en glorifiera à vos dépens.
Elle en deviendra même impertinente ;
ses reproches vous accableront continuellement, et il ne se passera pas de
jour qu'elle ne vous rompe la tête de la
noblesse de son origine et de la bassesse
de la vôtre. « Choisis-toi une épouse

» d'une naissance égale à la tienne , dit
» le sage ; sans quoi, tu ne saurais nom-
» brer les dégoûts dont elle abreuvera
» ta vie. »

FLORICOUR.

Ce sera bien pis encore , si l'on s'avise
d'épouser une fille plus riche que soi ; ou
si, étant pauvre, on en prend une opu-
lente. C'est alors que l'homme se vend
lui-même , en vendant son empire ; qu'il
a chez lui une souveraine à laquelle il
faut qu'il obéisse en sujet soumis. C'est
pour éviter cet inconvénient, si contraire
à l'ordre de la nature et de la raison, que
Lycurgue défendit aux hommes de recevoir aucune dot de leurs femmes. On
prétend même qu'au Japon cette loi est
rigoureusement observée.

EDOUARD.

Elle l'est bien mal en revanche parmi

nous. Si un jeune homme y recherche une jeune personne, il ne demande pas ce qu'elle a de vertus, mais ce qu'elle a de fortune. C'est à cela seul qu'il borne tous ses desirs, et la principale félicité qu'il se promet dans l'hymen. Ce n'est pas qu'il ne soit très-doux de trouver de grands biens dans ce qu'on appelle un grand mariage ; mais je ne voudrais pas qu'on en fît la pierre fondamentale, comme on ne le voit que trop souvent, au grand préjudice du bonheur des maris.

CHARLES.

Vous pouvez d'après cela vous persuader que la vertu vaut incomparablement mieux sans les richesses, que les richesses sans la vertu ; qu'elles ne doivent jamais être le but du mariage ; que ce n'est point la dot d'une épouse qui la rend estimable, mais les exemples de sagesse et de vertu qu'elle a reçus de ses parens ; qu'enfin

9*

c'est à cette dernière dot qu'il faut s'attacher préférablement à toute autre.

FLORICOUR.

Si vous prenez une femme à cause de sa vertu, vous êtes bien sûr de ne jamais vous en repentir. La fortune que vous lui aurez procurée, en la tirant d'un état peu aisé, et en lui faisant goûter dans le sein de votre famille un repos qu'elle n'aurait pas trouvé dans la sienne, sera pour elle le motif d'un éternel attachement pour vous. Elle vous devra tout ce qu'elle est, et vous jouirez de toute sa reconnaissance.

CHARLES.

Il est, ce me semble, assez inutile d'ajouter à votre observation que cette même vertu que vous aurez épousée avec sa personne sera pour vous un trésor inépuisable , une source continuelle et féconde de bonheur et de prospérités ; qu'elle attirera sans cesse sur vous les regards de la providence , et qu'au sein même de l'indigence , si la fortune vous y condamnait, vous vous trouverez mille fois plus heureux avec une telle femme , que vous ne pourriez jamais l'être au sein de l'abondance avec une femme *toute d'or*, mais qui n'aurait pas d'autre mérite. « Celle qui est ornée de vertus , » dit Cicéron, a tout ce qu'il faut pour » vivre heureuse ; parce que la vertu » réunit en elle-même tous les biens, et » qu'elle en est la source intarissable. »

VIRGINIE.

Je ne doute point du tout que les meilleurs mariages ne soient ceux dont vous venez d'asseoir les bases sur des fondemens aussi solides , et que l'essai qu'on sera tenté d'en faire d'après vos principes, ne soit couronné du plus grand succès.

CHARLES.

Il ne me reste plus, sur ce sujet important, qu'un précepte à recommander : c'est de prendre garde d'épouser malgré elle une jeune personne qui n'aurait pas de goût pour celui qui la voudrait. Il faut le dire hautement, c'est là le point le plus capital d'un mariage; et il en est fort peu de ce genre qui n'ait les suites les plus affligeantes. Pensant avoir auprès de soi un second soi-même, on logerait sa plus implacable ennemie ; le vautour le plus affamé, le plus dévorant, l'enfer déchaîné, tous les fléaux.

VIRGINIE.

Aussi est-ce le pire que puisse faire un père que de *violenter* l'inclination de sa fille, et de la forcer d'épouser un homme qu'elle n'aime point. Jamais on ne la fera renoncer à ses ressentimens. Elle en conservera toujours de cruels contre son époux; et il sera bien habile si, à son tour, elle ne le force pas au repentir de lui avoir donné dans sa personne un mari dont elle ne voulait pas.

FLORICOUR.

Madame a grande raison. Elle est toute dans le vrai sens du sujet que nous traitons. La femme est une victime qui doit marcher volontairement à l'autel. Si c'est par force qu'elle y va, et qu'elle s'y laisse, pour ainsi dire, traîner en victime, gardez-vous bien d'en accepter le sacrifice. Sa résistance serait du plus mauvais augure. L'offrande de son cœur vaut mieux que tout le reste; et si vous ne l'avez pas, ce cœur, vous ne tenez rien; si vous n'en êtes pas aimé, vous en serez nécessairement détesté: point de milieu en cela, ni pour elle, ni pour vous.

CHARLES.

J'observe encore que si, pour vivre bien avec votre femme, il est nécessaire qu'elle vous plaise, il n'est pas moins indispensable, pour qu'elle vive bien avec vous, que vous lui plaisiez de même. Cette réciprocité est de rigueur pour faire un bon ménage. Fuyez donc comme la plus épouvantable Euménide, celle en qui vous ne verrez nulle disposition à vous aimer, ou qui n'en aura que pour vous haïr. Toute belle, toute riche, toute vertueuse même qu'elle puisse être, elle ne vous convient pas; et vous ne pourriez être avec elle que le plus malheureux des hommes. De quoi, je vous prie, serviraient sa vertu, sa richesse et sa beauté, si vous n'étiez que le continuel objet de son aversion, et qu'elle ne pût vous regarder? On a dit autrefois d'Aristippe, qu'il se consolait des rigueurs de sa femme par la quantité de bons morceaux que son alliance lui procurait. Cela ne prouve rien autre chose, sinon qu'Aristippe était un gourmand très-raffiné. Un mariage aussi mal assorti est du nombre de ces maux sans remède dont on ne guérit qu'à la mort : ainsi donc, amour mutuel, ou point de lien conjugal, puisque de là dépend le bonheur d'un mari et d'une femme. Aussi cet amour doit-il être le vœu commun de l'un et de l'autre. Tous deux contractent, pour ainsi dire, l'engagement d'une espèce d'esclavage volontaire ; et l'épouse qui n'est pas conduite au mariage dans cet esprit, est le plus redoutable et le plus dangereux ennemi qu'on puisse avoir, et entre lequel et soi, on ne saurait mettre assez de distance.

E D O U A R D.

Je suis si convaincu de l'excellence des préceptes qu'on vient d'exposer, qu'à moins de vouloir les mettre tous en pratique, je ne pense pas qu'il soit sage de songer à se marier.

CHARLES.

On pourrait y en ajouter beaucoup d'autres, mais je me suis contenté de vous faire connaître les principaux. Ils suffiront à ceux qui voudront en profiter, pour faire un mariage heureux.

FLORICOUR.

Si on les suivait en se mariant, il n'y aurait presque point d'autres unions; mais c'est que, par malheur, on n'y fait pas assez d'attention, et que presque tous ceux qui s'engagent sous les lois de l'hymen, ne se marient que par des motifs absolument étrangers à l'objet qu'ils poursuivent. Les personnes qu'ils

épousent sont précisément ce qu'ils con-
sidèrent le moins. Comme ils ne sont
déterminés que par des considérations
particulières, celles dont ils recher-
chent la main n'entrent dans leurs vues
que comme pur accessoire, par hasard,
et après tous les autres objets. « Si elle
» a de la fortune; si elle peut me tirer
» de la gêne que j'éprouve; si elle tient
» à une famille dont le crédit peut servir
» à mon avancement, c'est tout ce qu'il
» me faut; je n'en demande pas davan-
» tage : je m'y tiens ». Tels sont les sots
calculs qu'ils font *in petto*. « Si avec
» cela, ajoutent ils, elle est belle, bien
» faite, sage et vertueuse, tant mieux;
» c'est double gain. Si cependant cela
» n'était pas, comme le reste s'y trouve,
» j'épouserai toujours ». Tels sont presque mot à mot leurs beaux monologues.

CHARLES.

Tout cela n'est malheureusement que trop vrai. Voilà comme j'entends raisonner tous les jours ; et Dieu sait par quel renversement de morale et de bon sens, on en est venu à ce degré de déraison ! C'est finir par où l'on devrait commencer : c'est mettre l'accessoire à la place de l'objet principal.

FLORICOUR.

Ne nous étonnons donc pas si le mariage fait tant de martyrs. Ils ont épousé le bien de leurs femmes, et non pas leurs personnes. A peine ont-ils reçu l'un, qu'ils commencent à ne plus se soucier de l'autre : ils les méprisent, ils voudraient en être déjà débarrassés, pour vivre à leur douce fantaisie. Comment leurs femmes pourraient-elles les aimer, comment pourraient-elles être contentes avec un pareil traitement ? Et eux-mêmes, comment pourraient-ils n'être pas malheureux dans le choc continuel de tant de passions diverses qui se heurtent, se croisent et se combattent ? On éviterait tout cela, et l'on trouverait toutes sortes de douceurs et d'agrémens dans le mariage, si l'on ne s'y engageait que par les motifs et de la manière que nous venons d'indiquer.

CHARLES.

Après avoir développé les moyens de se bien marier, je vous dois ceux qui sont nécessaires pour vivre heureux en ménage ; et comme je craindrais de vous fatiguer par la longueur de cette séance, et que je ne possède pas assez souvent ma nièce pour ne pas donner quelques instans à sa société, nous remettrons à cet après-dîner la suite de cet entretien, qui, comme vous voyez, est assez intéressant pour être suivi avec quelque attention.

VIRGINIE.

Mon oncle est toujours la bonté même pour sa nièce.

CHARLES.

C'est que ma nièce est toujours la complaisance même pour son oncle. Ainsi la suite à cet après-dîner.

HUITIÈME ENTRETIEN.

Sur les moyens de vivre heureux en ménage.

LES PRÉCÉDENS.

CHARLES.

Les moyens de vivre heureux en ménage consistent dans la pratique de deux sortes de devoirs envers deux sortes de personnes. Les uns regardent la femme; les autres se rapportent aux enfans. Le bonheur ou le malheur d'un mariage dépend uniquement de ces deux causes. La femme est la sauve-garde ou la ruine d'une maison; ce qui dépend de sa bonne ou mauvaise conduite. D'un autre côté, le sage nous dit que les enfans sont la joie ou le deuil de leurs parens, suivant qu'ils sont bien ou mal élevés. C'est ce qui rend plus importante encore la matière que nous traitons. Elle l'est d'autant plus, qu'en s'acquittant des devoirs dont je vais vous entretenir, les pères feront que leurs épouses, pour parler encore le langage du sage, seront pour eux des sources de bonheur et de consolation. Tous en cela ne sont pas assez heureux pour bien rencontrer : les précautions même qu'on prend pour s'assurer un sort si doux, sont, je l'avoue, quelquefois plus inutiles que profitables; mais je crois devoir penser qu'une femme qui, de son naturel, ne sera pas la plus raisonnable du monde, pourra le devenir, si son mari se comporte avec elle d'après les instructions que nous avons examinées ci-dessus, et celles que j'y vais ajouter.

Je commence celles-ci en répétant : « Si vous voulez être heureux en mé- » nage, il faut de toute nécessité que » votre épouse vous aime. Or vous ne » pouvez en être aimé, si vous ne l'aimez » pas : aimez donc votre femme ». Voilà la première leçon qu'un mari doit apprendre, et savoir par cœur. Eh! qu'y a-t-il de plus légitime et de plus raisonnable en même temps que ce devoir ? Que doit-il y avoir de plus précieux pour nous que ce qui est nous-mêmes ?

VIRGINIE.

Pardon, mon oncle, si je vous interromps : mais ne vous semble-t-il pas qu'un époux doit aimer sa femme, ou par intérêt personnel ou par pure reconnaissance ? Je suppose de votre épouse l'une de ces deux choses, ou qu'elle vous aime, ou qu'elle ne vous aime pas.

CHARLES.

Eh bien, qu'est-ce que cela dit?

VIRGINIE.

Que, si elle vous aime, vous ne pouvez sans ingratitude, ne la pas aimer ; et que si au contraire elle ne vous aime pas, il faut que vous l'aimiez, pour qu'elle vous aime. Ainsi, d'une manière ou d'une autre, vous êtes obligé de l'aimer. Cette maxime, « il faut que nous aimions, si » nous voulons qu'on nous aime », est d'une nécessité indispensable dans le mariage. L'amour ne s'obtient ni par la force , ni par la violence; c'est de lui-même qu'il se donne.

CHARLES.

Rien n'est mieux pensé, et d'après ma chère nièce , je dirai aux époux : « Si vos
» femmes n'ont pas d'amour pour vous,
» c'est sans doute parce qu'elles croient
» que vous n'en avez pas pour elles; eh
» bien, faites en sorte de leur persuader
» que vous les aimez , et en effet aimez-
» les, je vous réponds qu'elles vous
» aimeront, et même plus que vous ne
» les aimez. Leur cœur plus tendre,
» plus sensible que le vôtre, est par con-
» séquent plus inflammable, plus ar-
» dent; et si votre femme vous aime,
» pourquoi ne l'aimeriez-vous pas? S'il
» est vrai que l'amour soit le sacrifice du
» cœur, peut-on imaginer une plus

noire

» noire ingratitude que de ne pas aimer
» ceux qui nous aiment, puisqu'en nous
» aimant, ils nous font le plus beau
» présent qu'ils puissent nous faire. L'a-
» mour ne se paie, dit-on, que par l'a-
» mour ; pourquoi le frustrerait-on de
» sa récompense ? »

FLORICOUR.

Ajoutez que cette récompense devrait le suivre partout; que, sans cela, on est indigne de lui, et qu'on mérite bien d'éprouver toute la fureur à laquelle il se livre, quand il se voit ou abandonné ou trahi.

EDOUARD.

Et pour appuyer encore ce que vous dites, permettez que je vous cite ces questions et ces réponses d'un ancien philosophe : « Quelle est la chose la plus » insupportable de la vie ? — C'est

» d'aimer sans être aimé. — Qu'y a-t-il de
» plus injuste au monde ? — C'est d'être
» aimé, et de n'aimer point ; car c'est
» toujours recevoir sans jamais donner,
» ce qui est d'un cœur vil et bas. — Qu'y
» a-t-il de plus mortifiant pour un
» homme ? — C'est de se voir contraint
» de haïr ce qu'il a aimé. — Qu'y a-t-il
» enfin de plus redoutable pour lui ? —
» C'est un amour changé en haine, et
» qui devient d'autant plus implacable,
» que l'objet de cet amour a été ardent
» et passionné ».

CHARLES.

Toutes vérités incontestables, tous
axiômes qui font autant de principes
certains dans la morale humaine. Un
mari qui n'aime pas sa femme, ou qui
l'aime sans en être aimé, est également
malheureux. S'il ne se corrige à cet

égard, ou s'il ne trouve moyen de ramener son épouse, qu'il ait de l'aversion pour elle, ou qu'elle en ait pour lui, c'est la même chose; il ne saurait être content ni d'elle, ni de lui-même. Mais quelle suite d'amertumes plus affligeantes encore, s'il tombe dans le dernier inconvénient, et que par une inflexible dureté de cœur, il épuise toute la tendresse de celui de sa femme! Cette haine qui aura succédé chez elle à l'amour, lui fera chaque jour souffrir le supplice de Prométhée. Qui ne sait de quoi est capable une femme qui se voit méprisée, et dont le cœur ne respire que la vengeance ? Rien sans doute n'est plus à redouter. Tôt ou tard elle éclatera, et sa colère sera terrible. L'art de composer les poisons ne l'étonnera même pas.

Je ne saurais donc trop insister sur la nécessité de cet amour conjugal. S'il n'accompagne pas le mariage, tout le mal que peut faire un mari à sa femme, ou une femme à son mari, ne manquera pas d'accabler le ménage. Si au contraire cet amour y règne, il n'est sorte de douceurs qui ne le suivront : on trouvera supportables et même légers tous les déplaisirs, tous les chagrins qui ne s'attachent que trop souvent à la suite du mariage. Quand on s'aime, on ne trouve rien de fâcheux ni de pénible. Les peines même sont douces, par le sacrifice qu'on en fait à l'objet aimé : l'on va même jusqu'à chérir celles qui viennent de l'amour. Qu'on se persuade donc bien que le véritable secret pour supporter patiemment les incommodités du mariage, est de s'aimer. Malheur à celui qui se marie, sans songer à aimer sa compagne, et qui ne voit d'elle que la dot qu'elle lui apporte ! « Aimez-moi, et non ma fortune, » si nous voulons vivre en vrais amis. » Il n'est pas une jeune épouse qui ne soit en droit de tenir ce langage à son mari ; pas un mari qui ne doive se conduire d'après ce principe envers sa femme.

Après cette règle certaine pour le bonheur du ménage, je ne saurais vous en proposer une meilleure que celle de vous donner vous-même en exemple à votre épouse. De toutes les maximes de la morale, je n'en connais pas de plus juste ni de plus forte que celle « de faire aux » autres ce que nous voudrions que les » autres fissent pour nous ». Voulez-vous, comme je viens de vous le dire, que votre femme vous aime ? aimez-la. Voulez-vous qu'elle soit sage ? soyez-le. Voulez-vous qu'elle soit prévenante, affable, complaisante ? soyez complaisant, affable et prévenant. Outre les préceptes de sagesse et de conduite, songez que vous lui en devez encore l'exemple. Rien n'est plus juste que ce devoir ; et les maris sont vraiment ridicules de venir se plaindre de l'humeur et de l'inconduite de leurs épouses, quand leur conduite et leur humeur n'offrent pas un aspect plus satisfaisant. Je dirais presque alors qu'ils sont en quelque sorte coupables des dérèglemens de leurs femmes, parce qu'à coup sûr elles seraient restées vertueuses, si eux-mêmes ils ne s'étaient pas écartés des routes de la sagesse.

FLORICOUR.

Il est certain que la femme se conforme ordinairement aux mœurs de son mari, et qu'elle lui sera fidèle, s'il lui donne l'exemple de cette fidélité qui fait le gage du bonheur des époux. Peut-être quelques uns trouveront-ils ce devoir d'une difficulté trop grande à pratiquer, et diront-ils qu'il vaut mieux (*montrant Edouard*), comme le prétend monsieur, ne se point marier, que de se gêner à ce point. Permis à chacun d'avoir là-dessus sa façon de voir et de sentir; pour moi, je pense qu'il est honteux de ne point suivre ce qui est reconnu bon en soi, et conforme aux maximes de l'honnêteté, de la justice et de la vertu. Cette considération paraît au contraire devoir déterminer les hommes au mariage. Il est si doux de bien faire, et d'avoir toujours un bon compte à se rendre à soi-même de ses mœurs et de sa conduite! C'est même en cela que le mariage nous sert plus efficacement que tout autre état.

CHARLES.

Je voudrais que parmi toutes les vertus dont un mari doit l'exemple à son épouse, on n'oubliât point la piété, c'est-à-dire le véritable amour de la religion. Je ne parle point ici de cette dévotion vague et banale qu'affichent tant de femmes qui ne la comprennent même pas, et qui ne sert qu'à les rendre plus fausses et plus méchantes encore; mais de cette dévotion pure et sincére qui s'étend de Dieu jusqu'au prochain, qui veut et fait le bien pour le plaisir de le faire, et qui consiste dans un esprit de douceur et de bonté qui fait le charme à la fois et le bonheur de tout ce qui l'environne. Il n'est rien à quoi ne puisse être propre une femme qui possède une telle dévotion; rien de si angélique, si l'on peut le dire, ni de plus parfait, et trop heureux l'époux qui reçoit un tel présent du ciel!

Si vous me demandez comment un mari pourrait inspirer cette sorte de dévotion à son épouse, ma réponse est toute prête; c'est en la pratiquant lui-même avec cette franchise et cette sincérité que donne une bonne éducation,

et que tout honnète homme se doit à lui-
même de mettre dans sa conduite.

EDOUARD.

C'est-à-dire que, pour avoir une
bonne femme, il faudra que je me condamne moi-même à vivre éternellement
au pied des autels; que je renonce en-
tiérement au monde; que je me prive de
tout les plaisirs, et que je m'enchaîne
sous les plus sévères lois? Vous conviendrez que c'est acheter une femme bien
cher?

FLORICOUR.

Tant que vous raisonnerez ainsi, l'on
conviendra de tout ce que vous voudrez.
Mais pensez-vous aussi, monsieur, qu'on
puisse être heureux sans qu'il en coûte?
Détrompez-vous : le bonheur n'est pas
à bon marché dans ce monde. Voyez à

10*

quelles fatigues s'exposent ceux qui le font consister dans les richesses : ils courent la terre et les mers, passent les jours et les nuits dans une perpétuelle agitation, ne goûtent pas un instant de repos. Voyez ceux qui le cherchent dans ce qu'ils appellent les honneurs ; ils sont bien plus tourmentés encore : ils courent avec tant d'ardeur après ce vain fantôme, qu'ils sont sans cesse hors d'haleine. Une mortelle envie leur ronge le cœur, et leur esprit est tourmenté de mille soins divers. Et quel est pour eux le fruit de tant de peines ? une pénible et continuelle recherche du bonheur, qu'ils ne rencontrent jamais.

CHARLES.

Qu'il en va bien autrement de celui qui le cherche dans la possession d'une femme accomplie ! S'il la rencontre, il est sûr d'avoir trouvé le bonheur ; et pour arriver à la possession d'un si grand bien, l'homme renoncerait à tous ceux pour lesquels il est né? Il renoncerait à la piété, à la foi jurée à son Dieu, pour se priver d'une société délicieuse? Ce serait le comble du délire le plus extravagant. Que ceux qui ne se marient que par des motifs et des intérêts particuliers, ou pour se jeter avec plus de facilité dans le tourbillon du monde, ne se plaignent pas de l'humeur de leurs femmes : ils en méritent de mille fois pires. La Providence n'a fait que leur rendre justice, en leur laissant prendre des épouses aussi peu sensées qu'eux. Mais que ceux qui cherchent une femme vertueuse, et qui se proposent de vivre avec elle d'une manière conforme à ses principes, soient sûrs de la trouver. En cela, l'on trouve toujours ce qu'on cherche bien, et surtout de bonne foi.

VIRGINIE.

Je voudrais aussi qu'un mari détournât sa femme de la lecture des romans. On ne saurait imaginer les ravages qu'ils causent dans un jeune cœur, et combien ils corrompent l'esprit et le jugement: c'est une école où une femme ne manque jamais d'apprendre tout ce qu'il faut pour faire le malheur d'un mari, et par suite le sien propre.

EDOUARD.

La remarque que fait madame est pleine de justesse et de raison. Quand votre femme viendra à vous comparer à ces héros imaginaires *habillés*, dans ces vaines productions, à la manière des Dieux, pourrez-vous, dans son imagination, soutenir le parallèle ? Vous ne serez plus pour elle qu'un mortel vulgaire, à qui elle a fait trop d'honneur de donner sa main. Et où est le mari honnête qui peut se sentir la force d'être l'éternel objet du mépris de sa femme?

C H A R L E S.

Pour parer à un inconvénient aussi grave, un mari prudent ne doit laisser à la disposition de son épouse que des livres utiles d'historiens choisis, ou de moralistes estimés (1). Il en est assez de

(1) « Je suis très-embarrassé, écrivait un jour un
» père à ses filles qu'il aimait tendrement, de vous
» donner un bon conseil sur les livres que vous pouvez
» lire. Je ne vois aucun inconvénient à ce que vous
» lisiez l'histoire, ou que vous cultiviez quelque science
» ou quelque art pour lequel votre génie ou le hasard
» vous donne du goût. Le grand livre de la nature est
» ouvert à vos regards : c'est une source inépuisable de
» sujets attrayans. Si je pouvais être sûr que la nature
» vous eût donné des principes de goût et de sentiment
» assez solides pour qu'en vous y livrant ils pussent in-
» fluer sur toute votre conduite à venir, ce serait avec
» un plaisir bien vrai que je tâcherais de diriger votre
» lecture de la manière la plus propre à former votre
» goût pour la véritable éloquence. Mais quand je

ce genre, pour qu'il puisse ne pas négliger cette précaution.

» réfléchis avec quelle facilité on peut enflammer le cœur
» d'une jeune personne, monter son imagination ; à la
» vivacité avec laquelle elle s'abandonne à toutes les il-
» lusions du sentiment, et enfin à l'aisance avec laquelle
» elle peut faire le sacrifice de tous les siens, soit à la
» vanité, soit à la convenance, je craindrais trop, en
» voulant vous servir, de vous rendre un mauvais office,
» et de faire naître artificiellement en vous un goût
» qui, si vous ne le tenez de la nature, ne servirait
» qu'à vous être nuisible toute votre vie. Je ne cherche
» point, ajoutait ce père tendre, à vous faire décider
» plutôt pour une chose que pour une autre; je cherche
» seulement à connaître votre goût naturel, pour vous
» perfectionner sur le plan que la nature vous a tracé.
» Je veux éloigner de votre cœur tout sentiment qui
» pourrait le tourmenter. Je souhaite que tous ceux que
» vous aurez puissent diriger votre conduite avec sûreté
» et d'une manière simple et uniforme ; qu'ils soient
» tels enfin qu'ils puissent se graver si profondément
» dans votre cœur que rien ne puisse jamais ni les altérer
» ni vous en faire changer. »

On peut ajouter à ces instructions d'un bon père, que,
sans le secours de la lecture des bons ouvrages, les
femmes ne peuvent guère espérer de parvenir à la connaissance du cœur humain : étude qui leur est d'autant
plus nécessaire, qu'elles sont plus exposées à la séduction

Mais, pour passer à un autre précepte non moins essentiel au bonheur d'un

et à l'erreur que les hommes. Or , quels riches tableaux l'histoire ne leur présente-t-elle pas ? On y voit comme dans un miroir les différentes passions qui ont fait mouvoir les hommes, les vertus qu'il faut imiter , les vices qu'il faut fuir , les vicissitudes de la fortune , l'instabilité des choses de ce monde , les suites funestes des erreurs dans lesquelles l'imprudence entraîne la plupart. Les différens traits que l'histoire a consacrés sont autant de sages préceptes pour un esprit qui sait les méditer. Indépendamment des livres d'histoire, il est des morceaux de poésie où les beautés de la nature et les vertus sont peintes avec cette pompe et cet éclat qui leur sont propres , et enrichies de tous les ornemens d'une grande et belle imagination. Quel vaste champ la poésie n'offre-t-elle pas ! Il n'est personne qui ne puisse y cueillir des fruits proportionnés à ses goûts ou à ses besoins. Qu'il faut plaindre les femmes qui croient manquer d'amusement, quand tant de génies supérieurs, dans chaque siècle, ont travaillé à leur en procurer !

Nous avons connu une personne du sexe, assez ridicule ou plutôt assez ignorante, pour conseiller à une dame très-respectable de ne pas permettre que sa fille s'appliquât à la lecture, et encore bien moins qu'elle couchât ses pensées par écrit, de peur, disait-elle, qu'elle ne devint ce qu'on appelle par dérision une savante. Il faut avouer qu'une telle crainte paraît assez singulière,

époux, je conseillerai toujours à celui-
ci de se bien garder de prendre. du dé-
goût pour sa compagne, dans laquelle il

Est-ce donc si facilement qu'une femme peut obtenir ce
ce beau titre ? Et sous le prétexte frivole de lui vouloir
épargner un ridicule imaginaire, voudra-t-on captiver
son émulation, lorsqu'elle ne tend qu'à dissiper les té-
nèbres de l'ignorance, et à la mettre en état de penser et
de parler comme un être raisonnable ? Nous convenons
qu'une demi-savante, une femme qui prétend à l'esprit,
qui, sans avoir rien approfondi, veut décider de tout,
est dans la société un des êtres les plus insupportables :
mais c'est un abus du savoir, lequel est l'effet d'un travers de l'esprit plutôt qu'une suite de l'instruction.
Heureusement qu'il devient aujourd'hui moins ordinaire
que jamais.

Il ne faut donc pas que la crainte de devenir fausses
savantes fasse négliger aux femmes les moyens de s'instruire. Rien n'est certainement pour elles d'une plus
grande utilité ; car, à quoi doit-on imputer cet instinct
de curiosité qu'on leur reproche, si ce n'est à leur ignorance ? Serait-il possible qu'elles montrassent un si
vif désir de s'informer de la manière de vivre, de la
mise, du caractère, de la fortune, en un mot des plus
petites particularités de tel ou telle, si leur éducation
leur avait procuré un fond de connaissances capables de
leur faire partager l'intérêt d'une conversation plus relevée et plus digne d'elles?

ne doit jamais voir que la source de sa félicité. Il est un sûr moyen pour lui de mettre à profit cet avis; c'est de ne pas épuiser tout d'un coup la coupe du plaisir conjugal; c'est de s'attacher à faire en sorte que, chaque jour, son épouse découvre en lui quelque nouvel attrait; c'est de vivre en un mot avec elle plutôt en amant délicat qu'en mari trop pressé de jouir de ses avantages. Il sentira bientôt alors combien la modération ajoute aux délices du mariage; combien elle légitime ses plaisirs, les multiplie, et les rend d'autant plus réels, qu'ils sont plus doux et tempérés par la décence et la pudeur, qui doit toujours les accompagner.

FLORICOUR.

Vous ne parlez point de la bonne intelligence qui doit régner entre les époux, tant pour eux que pour le bien des affaires domestiques. Il me semble que dans le petit état de la famille, comme dans un grand empire, l'union est absolument nécessaire pour le maintien de l'un ou de l'autre. Par elle, les plus petites choses prennent de l'importance; et sans elle, les plus grandes se réduisent à rien. Quand deux époux ne s'entendent pas, et que chacun s'abandonne au gré de son caprice, ou au desir de se désobliger mutuellement, tout est perdu sans ressource; il faut que la maison périsse.

V I R G I N I E.

Cela est tout simple : si un mari ne met pas sa femme au fait de ses affaires, et qu'il fasse tout sans sa participation, ou sans la consulter, elle se persuadera facilement ou qu'il est riche, quand il sera ruiné, ou qu'il est dans l'indigence, tandis

qu'il sera opulent. Cette erreur la fera
tomber d'un excès dans un autre : ou elle
deviendra prodigue, et fera toutes sortes
de dépenses inutiles ; ou elle deviendra
avare, et se reprochera même le nécessaire (1). Combien l'un et l'autre cas

(1) Le même père, déjà cité, écrivait à ce sujet à ses
filles : « Presque toute l'économie domestique roule sur
» la femme, et lui fournit par la variété des objets de
» dépenses, différentes occasions de déployer ou son
» goût ou son bon sens. Si jamais vous êtes chargées
» du soin d'une famille, ce soin demandera de votre
» part plus de temps et d'attention. Vous ne pouvez
» vous en dispenser sous prétexte d'une fortune consi-
» dérable ; et quoiqu'avec une médiocre fortune, la
» ruine qui suivrait votre négligence serait plus immé-
» diate. »

Et pourquoi, puisqu'il peut être utile, ferions-nous
grâce au lecteur du *post-scriptum* de cette lettre ?

« Le jeu est un vice aussi ruineux qu'il est incor-
» rigible. Comme il conduit aux passions les plus vives
» et les plus intéressées, il est plus particulièrement
» odieux chez les femmes. Je ne m'oppose pas à ce que,
» pour varier vos amusemens, vous jouiez un peu à
» toute espèce de jeu, pourvu que ce que vous pouvez
» y risquer soit si peu de chose, que cela ne puisse ni
» altérer votre fortune, ni vous intéresser. Et en cela,

n'entraînent-ils pas de désagrémens et de mortifications !

CHARLES.

Il est un sûr moyen d'éviter un tel inconvénient : c'est de s'imposer la loi de rendre compte à sa femme de sa gestion ; de lui faire connaître de temps à autre l'état de sa fortune, de ne faire aucune entreprise considérable sans la consulter. L'équité, jointe au propre avantage d'un mari, lui fait même une loi de ne se pas comporter autrement.

» comme dans tous les autres points importans de
» votre conduite, soyez d'une fermeté et d'une résolu-
» tion inébranlables. Cette fermeté n'est pas incompa-
» tible avec la douceur et l'amabilité naturelles à votre
» sexe. Elle donne, au contraire, à la douceur ce genre
» d'esprit sans lequel on la voit trop souvent dégénérer
» en insipidité. Au reste, en vous rendant respectable
» à vos propres yeux, elle vous rend aussi plus dignes
» de l'estime et des vrais hommages des hommes. »

FLORICOUR.

D'ailleurs, les lois et les coutumes n'ont établi la communauté des biens entre l'époux et l'épouse, que pour leur apprendre que, comme l'un et l'autre doivent contribuer de tous leurs soins à la rendre profitable, il n'est que trop juste que le mari, qui en est le maître (c'est le terme usité), en fasse connaître à sa femme la perte ou le profit, le gain ou le déficit. Eh! n'y a-t-elle pas le même intérêt que lui ? La chose ne les regarde-t-elle pas également tous deux? Serait-il raisonnable et juste que l'épouse fût condamnée à l'ignorance absolue de ses propres affaires? Et peut-on ne pas s'indigner de l'injustice de certains maris qui se plaisent à la perpétuer, soit pour tromper leurs femmes, soit pour les tyranniser avec plus d'audace ?

VIRGINIE.

Il ne faut pas s'étonner si, à cet égard, les maris se trouvent trompés eux-mêmes, et si leurs femmes pratiquent de leur côté des *manières d'agir* qui ne leur plaisent pas. Je trouve que quelque patiente, quelque paisible que soit une femme, il est impossible qu'elle ne se dégoute pas d'un mari qui la traite ainsi de Turc à Maure ; non comme sa femme, mais comme sa servante ou son esclave.

CHARLES.

C'est ce qui me faisait aussi vous dire qu'il était de l'avantage d'un mari de se comporter tout autrement, et de découvrir à sa femme tout le fond de son cœur et celui de ses affaires.

VIRGINIE.

En effet, outre que cette conduite d'un

mari touchera toujours sa femme, et qu'elle lui saura gré de cet acte de complaisance tout naturel, elle y trouvera l'avantage de pouvoir régler sa dépense sur l'état de sa fortune, et se conduire d'une manière proportionnée à celui de sa famille. Rien de plus essentiel, et qui mérite une plus sérieuse attention que la pratique de ce précepte.

CHARLES.

Autre chose encore : une des maximes de la sagesse humaine est qu'il faut aimer ses amis avec leurs défauts ; et cela est fondé sur ces deux autres maximes, l'une, que chacun a les siens, que nul n'est parfait, et qu'ainsi nous n'aimerions jamais personne, si nous ne devions aimer que ceux qui sont sans défauts : la seconde, que le véritable amour n'est autre chose que la charité, qui n'est elle-même que cette bonne indulgence fraternelle, que, pour parler le langage des Pères, nous nous devons les uns aux autres dans le sentiment de nos communes misères. Faible et coupable, l'homme sera toujours pour l'homme un objet de charité; et dans ce sens, il ne sera sans cesse occupé qu'à cacher une somme considérable de fautes et d'erreurs. Nous devons tous nous regarder comme des gens frappés de la même maladie, souillés de la même lépre, et blessés à la même partie du corps. Comme les autres ont besoin de notre appui, nous avons également besoin de celui des autres. Nous sommes tous sujets aux mêmes passions, et les mêmes infirmités nous environnent. Il n'y a qu'un sot présomptueux qui ne soit pas convaincu de sa faiblesse, et qui croie pouvoir se passer de la charité de ses frères. Aimons-nous donc tous tels que nous sommes et serons toujours

toujours, c'est-à-dire faibles, imparfaits et coupables.

F L O R I C O U R.

D'accord: mais distinguons toujours que, pour nous entr'aimer avec nos défauts, nous ne devons pas aimer nos défauts; qu'au contraire nous devons les détester, les condamner même dans ceux en qui nous les voyons; qu'autrement enfin nous nous rendons criminels, et devenons ainsi les complices de la faute que nous reprochons à celui qui la commet. Nous devons donc avec soin prendre garde à deux choses; la première, de ne pas aimer nos amis avec un aveuglement tel que nous aimions aussi leurs défauts : la seconde, d'appliquer notre haine à leurs défauts, de manière qu'elle ne passe jamais jusqu'à leurs personnes, et d'imiter à cet égard ce père adroit qui, voyant un serpent enlacé autour du corps de son fils, dirigea si heureusement sa flêche , qu'il tua l'animal , sans endommager sa victime. Tuons de même la faute, si cette expression est permise , mais épargnons le coupable. Détestons les défauts de nos frères , mais ne cessons pas d'aimer leurs personnes. Voilà la vraie charité.

CHARLES.

Votre doctrine est parfaite ; elle est dans tout l'esprit de la morale divine et humaine ; et l'application s'en fait naturellement au sujet que nous traitons. Si nous devons supporter nos amis avec leurs défauts, à plus forte raison, nos femmes, qui nous touchent de plus près , doivent-elles en attendre la même faveur. Nous nous vantons d'être les plus forts, les plus raisonnables ; montrons-nous donc tels à l'égard de leur faiblesse , en nous montrant les plus indulgens.

FLORICOUR.

Seconde raison pour cela : de tous nos amis, comme vous venez fort bien de l'observer, nos femmes sont sans contredit les plus intimes ; nos liaisons avec elles, tout à fait indépendantes des autres liaisons, sont d'une nature bien plus parfaite, bien plus relevée ; ce que nos femmes sont, nous le sommes ; tout ce qu'elles ont est à nous ; et quoique assurément les défauts soient personnels, je pourrais dire que les leurs sont en quelque façon les nôtres (1). Cette entière communauté de toutes choses, qui devrait être entre les amis, ne se trouve dans toute sa perfection que dans l'état du mariage ; elle n'a pas seulement lieu

(1) Il n'est que trop malheureusement prouvé que leurs vertus sont à elles, et que leurs défauts viennent de nous.

à l'égard du corps et des biens des époux ;
elle s'étend encore jusqu'aux qualités de
l'âme. De deux êtres elle n'en fait qu'un,
comme nous l'avons déjà remarqué, et
confond tout entre eux. De là cette
maxime si vraie, que celui qui aime sa
femme s'aime lui-même. J'ajoute, ce qui
est indubitable, qu'outre que nous n'a-
vons point d'amis qui nous soient plus
chers que nos épouses, nous n'en avons
non plus à qui nous ayons de si grandes
obligations, et à qui nous devions plus
de reconnaissance ; car, quels services ne
nous rendent-elles pas que l'amitié ou l'intérêt ne saurait nous rendre ? Et après
tout, dans les différens besoins que nous
avons d'elles et de leurs secours, en santé
comme en maladie, dans la prospérité,
comme dans l'infortune, que ferions-
nous si nous en étions privés ?

VIRGINIE.

Vous seriez bien embarrassés, sans doute. Et c'est d'après cela que certains hommes osent se plaindre que les femmes ne sont point parfaites, eux qui le sont si peu; qu'elles ont des défauts, eux qui en sont couverts; qu'elles sont quelquefois incommodes, eux qui si souvent y trouvent tant de plaisir; et leur causent si souvent tant de peines; eux enfin qui sont engagés si avant à les supporter et à les aimer, quelles qu'elles puissent être! Je suis encore à concevoir, puisqu'il faut le dire, comment les hommes peuvent être assez injustes, assez ingrats pour se plaire à exagérer avec tant d'acharnement jusqu'aux moindres défauts des femmes, et à compter pour rien toutes leurs bonnes qualités, qui leur sont souvent si utiles.

EDOUARD.

C'est ce que je ne pardonnerais jamais

aux Juvénal, aux Martial, aux Boileau, aux Molière, aux la Fontaine, aux la Bruyère et à tant d'autres après eux, si, en les piquant des traits de leurs satires ou de leurs épigrammes, ils ne fournissaient pas eux-mêmes les moyens de les justifier; car il faut convenir que, comme le Passant chez le Satyre de la fable (1), ils soufflent également le froid et le chaud, et font l'apologie du sexe, après l'avoir maltraité, assez semblables en cela à cet homme du peuple

Qui jure, boit, bat sa femme, et qui l'aime,

que cite si plaisammeut Voltaire. Au moins devrait-on, lorsqu'on dénigre si malignement les femmes, adopter la méthode suivante, en les condamnant, de les absoudre; en étalant leurs défauts, ne pas dissimuler leurs bonnes qualités; et s'il échappe quelquefois aux gens

____

(1) *Le Satyre et le Passant*, fable de la Fontaine.

raisonnables d'en dire du mal, il me semble qu'il serait de leur équité d'en dire aussi du bien, pour compenser au moins l'un par l'autre.

CHARLES.

Rien de plus juste ni de plus sensé. Mais le mieux serait d'en parler toujours bien. Ce serait pour elles une sorte d'en-couragement pour s'attacher à plaire à leurs maris, et les aimer plus constam-ment : non que j'entende par là qu'un mari doive se dissimuler les défauts de son épouse ; je veux au contraire qu'il les connaisse, et qu'il l'en avertisse ; qu'il fasse tout ses efforts pour l'en corriger. S'il y réussit, tant mieux ; sa vie en sera plus douce, son mariage plus heureux. S'il n'y réussit pas, et qu'il les supporte avec cette patience si méritoire que devraient avoir tous les époux, il en sera d'autant plus estimable, que c'est assurément le plus haut point de perfection auquel un mari puisse atteindre.

Mais ne trouvez-vous pas comme moi que c'est assez parler de la manière dont les maris doivent se conduire avec leurs femmes, pour vivre heureux dans leur société; et qu'il serait temps d'examiner la nature des engagemens auxquels ce louable dessein les lie à l'égard de leurs enfans? C'est ce que nous allons faire dans notre séance de demain, qui sera la dernière; car, pour ce soir, je sais que ma nièce tient fort à sa partie de tric-trac, et qu'elle ne s'endormirait pas contente, si elle ne m'en gagnait pas quelques unes. C'est pourquoi, messieurs, je clos la séance, et vous ajourne à demain. Liberté à vous de nous regarder jouer, ou de faire aussi votre partie. *(On dispose des tables, et la soirée se passe à jouer)*.

Fin du huitième Entretien.

NEUVIÈME ET DERNIER ENTRETIEN.

Sur l'engagement qu'impose aux époux leur bonheur en ménage, par rapport à leurs enfans, etc. Conclusion.

LES PRÉCÉDENS.

CHARLES.

Je vous ai dit précédemment que les enfans sont pour leurs pères et mères une des sources d'où découlent les biens et les maux. En effet, quand on a le bonheur d'avoir des enfans bien nés, et qui ont profité des bons principes et surtout des bons exemples qu'on leur a donnés, quelque grand qu'en soit le nombre, quelque sort qu'on éprouve, on trouve en eux les motifs d'une bien douce consolation.

FLORICOUR.

C'est ce qui doit faire juger de l'importance de l'éducation, et combien il

11*

est nécessaire d'en donner une bonne à ses enfans. C'est elle qui forme les mœurs. Chacun vit comme il a appris à vivre, et se conforme aux principes qu'il a reçus. Plutarque la regarde comme *une nouvelle naissance que nous prenons dans le sein de nos maîtres, desquels nous ne saurions assez reconnaitre les soins, lorsqu'ils nous ont enseigné à bien vivre.* Si c'est beaucoup sans doute que d'avoir reçu l'être, on peut dire que c'est infiniment plus d'avoir reçu le *bien être.* La naissance nous donne le premier, comme à tous les animaux ; mais c'est l'éducation qui nous donne l'autre, et qui nous fait en quelque sorte participer à l'essence des intelligences célestes.

CHARLES.

Observons que si une bonne éducation est très-importante pour les enfans, elle ne l'est pas moins pour les pères ; que si elle est un principe de sagesse pour les uns , elle est pour ceux-ci le principe d'un bonheur pur et inaltérable. Dans la sagesse des enfans réside la félicité des pères, a dit un ancien sage : l'un est le préalable nécessaire de l'autre. De là naît l'obligation indispensable d'un père de sacrifier avec plaisir ses soins , son temps et son bien pour instruire ses enfans et les former aux bonnes mœurs. Quand on a l'avantage d'y réussir, on goûte la félicité du mariage dans toute sa plénitude ; c'est-à dire tout le bonheur que le ciel ait pu dispenser à l'humanité.

J'accorde que tous les pères ne sont pas en état de faire apprendre les sciences à leurs enfans, ni capables de les leur enseigner ; et c'est un grand malheur pour les uns et pour les autres. Je n'ignore point que ces sciences ne sont pas de nécessité absolue pour former les hommes à la sagesse; je crois même qu'on peut se passer d'elles pour l'acquérir; mais il faut convenir qu'elles peuvent singulièrement y contribuer; et Socrate avait sans doute raison de compter parmi les nombreux sujets de grâces qu'il avait à rendre à la divinité (1), l'avantage d'être un sectateur de la sagesse. En effet, il règne infiniment plus de mœurs ou du moins de *moralité* parmi les gens instruits, que parmi ceux qui ne le sont pas, ou qui le sont mal. Quoiqu'en ait dit enfin un de nos philosophes modernes les plus accrédités (2), si la science a corrompu les hommes, ce n'a été que par accident, et de la même manière que le soleil infecte les cloaques et les chairs mortes. Bien loin de causer les maladies de l'âme, il n'est presque pas

(1) Ce n'était pas un athée que Socrate.
(2) *J.-J. Rousseau.*

possible à celle-ci de *se bien porter* sans la science (1). Loin de rendre les mœurs sauvages et farouches, elle les épure et les adoucit.

EDOUARD.

Et Moïse, le grand législateur, ne disait-il pas : Plût à Dieu que tout ce peuple fût prophète (2) ?

CHARLES.

Eh bien, il n'est pas un père qui ne doive former le même vœu pour ses enfans, qui ne doive desirer qu'ils acquièrent de la science, et faire par conséquent son possible pour la leur procurer, comme

(1) *Sapientia est sanitas animi.* La science est la santé de l'âme. *Cicér. Tuscul.*, *lib.* 3.

(2) Les prophètes étaient les gens instruits de ce temps-là.

l'éducation, la vertu. C'est là le point
le plus grand de tous les trésors après la
vertu.

FLORICOUR.

Ainsi, heureux les péres assez instruits,
assez fortunés pour pouvoir apprendre
eux-mêmes à leurs enfans les secrets de
la nature et de la science ! Heureux
encore ceux qui ne le pouvant pas, ont
les moyens de pouvoir confier cette noble
et belle fonction (1) à des maitres sages
et expérimentés !......

CHARLES.

Quoiqu'il en soit, il n'est point de
père, quelque indigent ou peu éclairé
qu'il soit, qui ne puisse enseigner à ses
enfans ce qu'il y a de plus essentiel dans

____

(1 Elle est bien moins honorée qu'honorable, et c'est
un grand tort !.....

principal : quelque considérable que soit tout le reste, il n'y entre que comme simple accessoire ; et quand le philosophe Sénèque a fait de la philosophie un préalable nécessaire à la vertu, je crois avoir droit de penser qu'il a fait un peu trop d'honneur à la philosophie.

FLORICOUR.

Il y a sans doute de l'exagération dans l'assertion de Sénèque, quand il vient nous dire que « sans la philosophie il n'y a point de vertu (1) ». Il est vrai, comme vous l'avez très-bien remarqué, que les sciences peuvent être utiles pour l'acquérir, mais il n'est pas moins certain qu'on peut être vertueux sans les sciences. cette sagesse qui consiste à bien user de la prospérité et de l'adversité, des biens

(1) *Nec philosophia sine virtute est, nec sine philosophiâ virtus est.* Il n'y a point de philosophie sans vertu, il n'y a point de vertu sans philosophie. *Senec, Epist.* 89.

et des maux de la vie, n'est pas tellement le partage des philosophes et des personnes instruites, qu'elle ne puisse aussi se trouver dans les autres hommes. Le même Sénèque nous apprend ensuite qu'il n'est rien de plus aisé que d'être homme de bien, et que la seule volonté de le devenir suffit pour cela, sans le concours d'aucune autre chose ; mais que, pour nos intérêts, nous avons souvent une volonté impuissante ; *que nous voulons, mais que nous ne pouvons pas.* Puis il nous assure qu'il en est tout autrement par rapport à la vertu. « Pour » l'avoir, dit-il, il ne faut que la desirer ; » pour être honnête homme, il n'y a » qu'à le vouloir. »

CHARLES.

Je trouve qu'il a raison en cela. Voulez-vous que je vous dise ce qui, dans la morale, fait tout le malheur des hommes ?

C'est qu'ils ne veulent jamais être gens de bien d'une pure et franche volonté ; et qu'ils le seraient, s'ils le voulaient de cette manière. J'oserai donc dire qu'il ne tient qu'à un père d'être heureux avec ses enfans. Il n'a besoin pour cela que de leur donner de bonnes mœurs, et surtout, comme on dit fort bien, prêcher d'exemple. Rien n'est plus sûr, ni plus facile en même temps que ce moyen. Je sais bien qu'il ne sera pas du goût de ces pères dissipés qui ne se plaisent qu'à vivre dans le déréglement : aussi n'est ce pas à eux que je le propose. Je le propose à ces pères honnêtes qui, animés de bonnes et pures intentions, cherchent de bonne foi celui d'éviter ou d'adoucir les chagrins de leur condition. S'ils veulent en faire usage, ils en reconnaîtront l'efficacité.

FLORICOUR.

Et pourquoi s'y refuseraient - ils,

puisqu'ils ne peuvent sans cela parvenir à ce but heureux, qu'ils ne doivent jamais perdre de vue ? C'est une règle certaine que nous ne pouvons donner ce que nous n'avons pas. Comment, si la vertu nous manque à nous-mêmes, la donnerions-nous à nos enfans ? Comment, si nous ignorons l'art de bien vivre, le leur enseignerions-nous ?

CHARLES.

Vous dites fort bien: il faut donc que, par notre propre expérience, nous nous en rendions capables, que nous pratiquions nous-mêmes ce que nous voulons faire pratiquer à nos enfans ; il faut nous assujétir aux lois que nous voulons imposer aux autres ; et c'est du sage seul que nous pouvons et que nous devons apprendre à le devenir. Mais c'est assez parler de l'exemple paternel et de son influence sur l'esprit et le cœur des enfans ; j'en resterai là pour ne me point répéter.

Remarquons seulement que , pour bien réussir dans l'éducation des enfans, il faut marcher entre deux extrémités opposées , et garder le plus juste milieu entre la trop grande sévérité et l'extrème indulgence. Si la sagesse (1) nous dit que : « la mère qui ne châtie point ses enfans *les tue* », un apôtre (2) vient, qui dit aux pères de modérer même les menaces, de peur de les irriter. Or, l'amour et la crainte d'offenser Dieu doivent partager toute l'éducation chrétienne du côté des enfans , comme la réprimande et l'instruction la partagent du côté des pères. Si vous en passez trop à vos enfans, ils vous mépriseront ; si vous ne leur passez rien , ils vous haïront ; si vous avez trop d'indulgence pour eux , ils en abuseront pour se corrompre ; si vous en

(1) *Salomon.*
(2) *Saint-Paul.*

manquez, ils deviendront sournois, ta-
citurnes et maussades ; si enfin vous ne
leur témoignez, par votre conduite avec
eux, que de la douceur et de la bonté,
la leur deviendra extrèmement relâchée;
ils tomberont dans la mollesse, et, passez-
moi ce mot, *l'efféminité ;* tout leur pa-
raîtra bientôt insipide ou incommode.
Si, au contraire, vous ne les regardez jamais que d'un œil irrité, et que vous ne
leur marquiez que de la colère et de
l'impatience, vous les rendrez emportés,
violens, étourdis, distraits, insensibles
enfin à toutes vos exhortations, comme
ils s'accoutumeront à le devenir aux
coups de votre verge; eh! qui sait encore à
quels excès ils pourront se porter ? Vous
voyez donc combien la discipline paternelle doit s'attacher à joindre ensemble
ces deux extrèmes, indulgence et sévérité. Un père y doit, en quelque façon,
imiter Dieu, dont un prophète dit:
« qu'au milieu de ses châtimens, il se

souvient toujours de sa compassion ». Si l'indignation nous fait prendre la verge pour corriger nos enfans , la tendresse doit nous la faire tomber aussitôt des mains. Comme le premier magistrat de la famille , le père doit faire le procès de ses enfans; et quand il les a jugé coupables , les punir; mais s'il les condamne comme juge, il doit les châtier en père, c'est-à-dire humainement , et même avec tendresse. Il doit toujours observer que la punition ne soit jamais aussi forte que la faute, et qu'un léger châtiment doit suffire pour un fait grave : il faut même qu'à l'exemple du Père de tous les humains, il tonne long-temps avant de lancer la foudre; qu'avant de punir une faute, il en pardonne cent ; qu'il menace enfin mille fois avant de frapper une.

FLORICOUR.

Me permettrez-vous que, sans vous,

interrompre, je reléve ici une étrange faute que commettent presque tous les pères?

C H A R L E S.

Bien volontiers. Quelle est-elle?

F L O R I C O U R.

C'est qu'ils ne regardent ordinairement les fautes de leurs enfans que par rapport à eux-mêmes qui sont hommes, et point du tout par rapport à ces faibles créatures, qui n'ont pas encore l'usage de la raison, ni par conséquent le jugement formé. Cette fausse maniére de voir, leur en présente une idée qui leur rend leurs enfans insupportables, les irrite continuellement contre eux, et les porte à des excés vraiment effrayans. Ils mettent leurs enfans à leur place, au lieu de se mettre à la leur, pour bien juger de ce qu'ils méritent ou non. Alors, ne pouvant supporter l'idée qu'ils se soient eux-mêmes laissé aller dans leur jeune âge à telles ou telles faiblesses, parce qu'ils se mettent dans l'esprit que leurs enfans doivent avoir la raison et le discernement d'hommes faits, ils se déchaînent à outrance contre les petits malheureux, et leur font éprouver les plus terribles effets de leur emportement. Rien ne vous paraît-il pas plus injuste et plus déraisonnable qu'une telle conduite dans un père ?

CHARLES.

Elle fait peine et pitié. Quand j'étais enfant, je parlais, je jugeais, je pensais comme un enfant; mais quand je suis devenu homme, tout ce qui tenait de l'enfance m'a quitté. Nous avons tous passé par cet âge; si nos enfans ont des défauts, nous en avions peut-être plus qu'eux à leur âge. Si leur conduite n'est pas parfaitement régulière, la nôtre l'était peut-être infiniment moins. N'y a-t-il pas injustice et barbarie d'exiger d'eux à six, huit, dix et douze ans, autant de jugement et de raison que s'ils en avaient vingt-cinq ou trente, et de vouloir qu'ils fassent comme nous aurions eu nous-mêmes peine à faire à leur âge?

FLORICOUR.

Certainement, il y a injustice et barbarie ! Bien loin d'exiger d'eux qu'ils aient notre sagesse et notre prudence, et qu'ils s'élèvent à notre portée, je crois que nous devons plutôt quelquefois descendre jusqu'à la leur, et bégayer même, pour ainsi dire, avec eux, afin de leur inspirer plus de docilité et d'intelligence pour les instructions que nous voulons leur donner. C'est ainsi que, pour familiariser davantage avec lui son fils, je ne sais plus quel roi allait comme lui à cheval sur un bâton ; et, pour parler

proverbialement,

proverbialement, il y a quelquefois de la sagesse à faire le fou.

CHARLES.

Je trouve en effet dans ce que vous venez de dire, un bon moyen de nous faire aimer et craindre de nos enfans ; car, comme le dit le premier de nos fabulistes,

Plus fait douceur que violence ;

et quoiqu'il soit toujours très-bien de garder avec eux une certaine gravité qui leur impose, il n'en est pas moins vrai qu'il vaut mieux les retenir dans le devoir par l'amour que par la crainte ; par une honnête et sage liberté, que par une trop dure contrainte.

Au reste, donnons - nous bien de garde d'élever nos enfans dans la vanité. Comme il n'y aurait rien de si pernicieux pour eux ; il n'y aurait rien aussi pour nous de plus incommode. Quand on s'est une fois accoutumé à encenser cette misérable idole, on lui fait trop volontiers le sacrifice de tout son temps, de tous ses soins, de toute sa fortune, enfin de tout soi même.

FLORICOUR.

Et au fond, qu'est-ce que la vanité? Le vain desir d'étaler un vain luxe aux yeux d'une multitude insensée, et d'égaler, même de surpasser tous les autres dans son extérieur; et combien de choses ne faut-il pas pour cela? combien de dépenses et d'argent pour y satisfaire! Et si un père y veut fournir, comme on lui fera bientôt voir le fond de son coffre et la fin de son trésor!... S'il s'y refuse après avoir laissé enraciner cette malheureuse passion dans le cœur de sa femme et de ses enfans, ou quand il serait d'humeur à les contenter, sans en avoir les moyens, ils ne lui donneront

jamais de repos , ou lui reprocheront
continuellement sa dureté ou son peu
de fortune. Victime vouée journellement
à leurs insultes et à leur mépris , il se
verra sans relâche et sans cesse exposé
à entendre les vœux qu'ils formeront
pour sa perte ou sa ruine ; à les voir
même chercher tous les moyens d'accé-
lérer l'un et l'autre par le vol et la rapine :
il les verra se déshonorer par des em-
prunts usuraires ou avilissans, engager
tout ce qu'ils ont, et même tout ce qu'ils
n'ont pas. Ce sera pour lui autant d'ennemis domestiques, d'autant plus redou-
tables qu'il ne lui sera jamais possible
de parer tous les coups qu'ils lui porte-
ront. Quelques précautions qu'il prenne
contre leurs atteintes , ils les éluderont
facilement.

VIRGINIE.

Quel tableau, et quelle condition que

celle d'un père réduit à ces extrémités
avec sa femme et ses enfans!

C H A R L E S.

Pour éviter un désordre aussi effrayant,
il faut leur inspirer de bonne heure une
véritable modestie, et l'utile desir de se
rendre recommandables par eux-mênes,
sans ce misérable secours du faste et de
la vaine gloire. Il faut faire en sorte
qu'ils règlent leur état sur celui de leur
père, et plutôt au-dessous encore qu'au-
dessus. Sans violer les lois de la bienséance, il ne faut jamais les assujétir à
celles de la vanité. Vous leur persuaderez
pour cela que le nécessaire suffit, et que
le superflu est inutile. Ne leur refusez
donc jamais le premier, tant que vous
serez en état de le leur donner, mais ne
leur souffrez jamais le second. Dites-leur
que la vertu consiste dans la médiocrité,
et la véritable gloire à s'élever au-dessus

des petitesses de cette vanité toujours trompeuse et trompée. Mettez-leur souvent devant les yeux ces éternelles vérités, que la gloire du monde passe comme le nuage, mais que celui qui craint de déplaire au ciel subsiste éternellement ; que la vie de l'homme est comme l'herbe qui se dessèche du matin au soir, et toute sa gloire comme la fleur des champs qu'un instant voit briller et se flétrir ; que l'homme ne marche dans le sentier étroit de la vie qu'à travers des apparences ; que les grandeurs, les richesses, les honneurs, les plaisirs ne sont que cela ; qu'enfin ce n'est pas celui qui se recommande soi-même qu'il faut estimer, mais celui que ses vertus recommandent. Voilà des maximes certaines. Heureux les pères dont les enfans en sont bien pénétrés ! Heureux les enfans à qui l'exemple de leurs pères les fait goûter !

FLORICOUR.

On prétend que, chez les Chinois, les arts sont héréditaires dans les familles, et que leurs enfans sont indispensablement obligés de suivre la profession de leurs pères. Je ne prétends pas soutenir que cette coutume soit exclusivement bonne : je sais que tous les hommes ne naissent pas destinés aux mêmes emplois, et que la nature leur donne des inclinations fort diverses ; mais au moins a-t-elle ceci de fort commode pour les pères, qu'elle règle l'état de leurs enfans, même avant leur naissance, et qu'elle les délivre du soin de leur établissement qui de tous les soins est assurément le plus embarrassant.

EDOUARD.

Quoi de plus pénible en effet ? Il n'est pas un père qui ne cherche à faire la condition de ses enfans meilleure que la sienne. L'avocat cherche à faire son fils conseiller ; le conseiller à faire le sien président ; le président à procurer au sien les premières charges de l'État. Il en est de même dans les arts mécaniques. Des moindres, on tend aux plus considérables ; et voilà ce qui fait souvent le malheur des pères et des enfans , soit parce que ceux-ci se trouvent souvent fort peu propres aux choses auxquelles on les destine, soit parce que les pères eux-mêmes n'ont pas le moyen de les y placer. J'avoue donc que, dans la vie d'un père, l'établissement des enfans est ce qu'il y a de plus difficile, par cette fausse et folle vanité que vous proscrivez si justement, et qui se trouve aujourd'hui à un suprême degré jusques chez les plus sages ou réputés tels.

CHARLES.

J'aurais à ce sujet trois avis importans à donner aux pères.

Le premier serait de s'attacher à connaître le tempérament, la portée et l'inclination de leurs enfans, pour les appliquer aux sciences, aux emplois ou aux professions qu'ils jugeraient le mieux leur convenir. On voit tous les jours une infinité de gens qui s'ennuient de leur condition, ou qui n'y réussissent point, parce que leurs pères ont négligé d'en user ainsi pour leur établissement. Tel est propre à une chose qui ne l'est pas à une autre; tel veut le parti des armes, qui a de l'aversion pour celui de la robe; tel desire s'attacher au commerce, qui n'a nul penchant pour les arts. De sorte qu'au lieu de suivre la pente de leurs inclinations, et de leur donner des occupations proportionnées à leur capacité, on leur en donne de tout opposées. Comment veut-on, après cela, qu'ils en fassent un usage lucratif et avantageux?

FLORICOUR.

C'est ce qui est impossible. Il y a même de l'inhumanité à un père de faire apprendre à un enfant infirme, cacochyme et d'une faible constitution, un métier rude, pénible, et où l'on n'a souvent pas assez de toutes ses forces; comme il y a de l'absurdité à mettre au barreau ou dans la chaire un enfant bègue, qui s'exprime avec difficulté, et dont la voix est faible ou grêle; comme il y a de l'injustice et de l'ignorance à faire un artisan d'un enfant qui ne respire que pour les sciences, que la nature a doué d'un beau génie, et qui montre toutes les dispositions nécessaires pour se distinguer un jour dans les postes les plus éminens. Il y a, en un mot, une extrême imprudence à placer des enfans dans des états qui ne conviennent ni à leurs inclinations, ni à leur constitution; et combien un père qui se conduit avec une telle légéreté sur un point aussi essentiel, n'est-il pas en quelque façon coupable du peu de succès de ses enfans? Quels durs reproches n'a-t-il pas à se faire à soi-même ! Quelle satisfaction au contraire pour lui de les voir, contens de leur sort, s'attacher à des professions avan. tageuses qui leur plaisent ! C'est donc à ne leur en donner que de telles qu'il doit principalement mettre ses soins, puisqu'il y va de son repos et du bonheur de sa famille.

CHARLES.

Vous avez parfaitement saisi mon idée, et vous êtes cause que moi, qui crie contre la vanité, j'en prends ma bonne part dans la manière dont elle vient d'être éclaircie et développée. Ce sera aux pères à en faire leur profit. Mais j'ai encore deux autres avis à leur donner : vous savez que je vous en ai annoncé trois.

Par le second, un père ne doit pas se régler sur la seule capacité de ses enfans, pour les produire ; il doit aussi consulter ses propres forces. Il ne suffit pas qu'il connaisse à quoi ses enfans peuvent être propres, il faut aussi qu'il examine ce qui peut lui convenir à lui-même, ou ce qu'il peut faire pour eux. Paris et les grandes villes regorgent de pères malheureux, qui ne sont tels que par l'empressement qu'ils ont mis à faire le bonheur de leurs enfans. Combien n'en voyons-nous pas qui, avec tout leur bien, engagent encore celui des autres, soit pour établir grandement un fils, soit pour donner à une fille un parti considérable. Combien n'en est-il pas qui, sans examiner s'ils ont les moyens d'y fournir, donnent un état à leurs enfans, et leur font épouser des partis qui se trouvent ensuite au-dessus de leurs forces ? Voilà les fruits d'une folle vanité, d'une ambition ridicule et déplacée. S'il faut

aimer ses enfans , il faut aussi s'aimer
soi même assez pour ne jamais se compromettre à ce point ; il faut leur procurer leur avancement ; mais , tranchons
le mot , il ne faut pas pour cela s'exposer
à mourir de faim.

FLORICOUR.

Ce qui est plus déplorable encore dans
une pareille conduite de la part des
pères, c'est qu'en se rendant malheureux
eux-mêmes, ils font aussi le malheur de
leurs enfans. Si des milliers de pères se sont
appauvris pour avoir voulu les trop enrichir, mille enfans aussi, nouveaux Icares,
sont reduits à la mendicité , pour avoir
reçu de leurs pères les moyens de prendre
un vol trop haut. Que ceux-ci examinent
donc leurs facultés avant de se déterminer à faire l'établissement de leurs enfans ; qu'ils fassent, non pas tout ce que
leur ambition et celle de ces derniers
leur demande , mais ce que la raison et
leur

leur situation leur prescrivent : qu'ils règlent la condition de leurs enfans sur leur fortune, et qu'ils mesurent leurs sacrifices non pas à leurs volontés, mais à leurs facultés.

CHARLES.

C'est cela même. Je terminerai par ce troisième avis, le dernier et le plus essentiel ; et je dirai aux pères : « Faites
» tous vos efforts pour avancer vos en-
» fans, tandis que vous vivez. N'oubliez
» rien de ce qui peut contribuer à leur
» bonheur. Pratiquez pour le faire tout
» ce que vous permettent les lois divines
» et humaines ; c'est une obligation que
» vous impose votre titre de père : mais
» acquittez-vous de ces devoirs avec la
» sagesse et la modération que la reli-
» gion même vous commande. Ayez
» principalement pour but d'enrichir
» vos enfans des biens qu'elle procure.
» Observez surtout de ne pas les enrichir

13

» du bien d'autrui , ni par des moyens
» que la probité réprouve : sans rien
» négliger de ce que vous devez à vos
» enfans , enseignez - leur surtout ce
» qu'ils doivent à leur créateur. En tra-
» vaillant à leur amasser ce que vous
» pourrez de biens, légitimement et sans
» reproche , recommandez-leur de ne
» jamais s'y attacher ; qu'ils apprennent
» de vous que le véritable secret pour
» devenir vraiment riche , est de mé-
» priser les richesses. »

« En second lieu , ne vous tourmentez
» jamais avant le temps. Remettez au
» maître des événemens le succès de tous
» vos soins. N'anticipez pas sur l'avenir ,
» pour vous inquiéter de ce que vos en-
» fans deviendront après vous , et de ce
» que vous deviendrez vous-même avec
» eux. Une des plus grandes misères de
» l'humanité , c'est que nous sommes
» très-ingénieux à nous rendre misérables
» par une trop indiscrète prévoyance. »

Quand on aura bien médité tout ce que nous avons dit dans nos Entretiens, je m'assure qu'on sera forcé d'avouer qu'il n'est point de meilleurs moyens pour adoucir les amertumes du ménage en général, et alléger le fardeau des enfans en particulier. Je dirais volontiers, s'il m'est permis de le dire, que chaque enfant est un contrat de rente que Dieu constitue au profit de la famille où il le fait naître. Comment ne voit-on pas que par cela même qu'il lui donne l'être, et qu'il en est par conséquent le premier père, il s'engage en quelque sorte par là d'en prendre soin, et d'intéresser sa providence à sa conservation ? Combien de pères et de mères seraient morts de faim sans les secours que le ciel leur a donnés, peut-être à cause de leurs enfans ! Qu'on ne se plaigne donc plus ni de ses enfans ni de leur nombre ; qu'on ne vienne plus nous dire qu'ils sont une des causes de l'indigence d'un ménage.

Ici se termine tout ce que je m'étais en quelque sorte engagé à examiner avec vous sur l'excellence , la nécessité et le bonheur de l'état qui réunit deux époux sous les douces lois de la sagesse et de la fidélité. Il ne me reste plus qu'à former les vœux les plus sincères et les plus ardens pour la prospérité des époux auxquels nous nous intéressons , c'est-à-dire pour la vôtre même , messieurs , quand il vous plaira d'en augmenter le nombre.

FIN.

IMPRIMERIE DE MAUGERET FILS.